W0343755

Helmut Junker

Nachanalyse

Ein autobiographisches Fragment

Helmut Junker

Nachanalyse

Ein autobiographisches Fragment

edition diskord

Titelbild:
Ernesto Tatafiore: Entwurf, 1988

Die Deutsche Bibliothek – CIP-Einheitsaufnahme
Junker, Helmut:
Nachanalyse: ein autobiographisches Fragment / Helmut
Junker. - Tübingen : Ed. diskord, 1993
ISBN 3-89295-573-5

© 1993 edition diskord, Tübingen
Alle Rechte vorbehalten
Satz: multimedia Electronic Publishing GmbH, Konstanz
Druck: Druckhaus Beltz, Hemsbach
ISBN 3-89295-573-5

Inhalt

Vorwort: Therapie und Text 7
Erster Teil 17
Zweiter Teil 65
Dritter Teil 107
Vierter Teil 157
Nachtrag 179
Literatur 184

Vorwort
Therapie und Text

1

Alle analytischen Therapeuten, ob Frau oder Mann, die seit einiger Zeit oder bereits seit vielen Jahren ihren Beruf ausüben, kennen sehr wohl das Diktum Sigmund Freuds aus dem Jahre 1937: „Es wäre nicht zu verwundern, wenn durch die unausgesetzte Beschäftigung mit all dem Verdrängten, was in der menschlichen Seele nach Befreiung ringt, auch beim Analytiker alle jene Triebansprüche wachgerüttelt würden, die er sonst in der Unterdrückung erhalten kann. Auch dies sind ‚Gefahren der Analyse' [...], und man sollte es nicht unterlassen, ihnen zu begegnen. Es kann nicht zweifelhaft sein, auf welche Weise. Jeder Analytiker sollte periodisch, etwa nach Verlauf von fünf Jahren, sich wieder zum Objekt der Analyse machen, ohne sich dieses Schrittes zu schämen" (GW XVI, 95f.). Für den Autor waren bereits sechzehn Berufsjahre vergangen, bis er diesen Schritt unternahm. Zuvor war der Gedanke, sich noch einmal in Analyse zu begeben, häufiger aufgetaucht, aber aus äußeren Gründen, er kenne alle Kollegen und müsse bis nach London fliegen und noch weiter, als unrealisierbar abgewiesen worden. Es bedurfte einer intensiven Krise, dem eindeutigen Auftreten psychosomatischer Symptome, bis das Gedankenspiel um eine Nachanalyse Ernst wurde.

In der Selbsteinschätzung seiner Erkrankung meint der Autor, seine Krise sei auf eine allgemeine Ermüdung, Sensibilisierung und Selbstkränkung zurückzuführen. Darüber hinaus scheiterte zu diesem Zeitpunkt die langjährige eheliche Beziehung. Auch das Erlebnis einer *so* nicht gekannten Liebe konnte Probleme und Schuldgefühle wegen der noch jungen Töchter nicht ausgleichen. Der psychosomatische Einbruch entsprach also einem typischen Ungleichgewicht, das ihn nur durch diese Symptombildung vor Schlimmerem bewahrte.

Hauptberuflich ist der Autor Hochschullehrer, der Psychoanalyse in Lehre und Forschung vertritt. Er war zur Zeit der Nachanalyse 56 Jahre alt; in dieser Zeit hatte er nur wenige seiner Vorlesungen, Seminare oder Gremiensitzungen ausfallen lassen müssen. Das gilt ebenso für sein Lehren am Psychoanalytischen Institut in Kassel wie für die Arbeit mit seinen Analysanden als Lehranalytiker der Deutschen Psychoanalytischen Vereinigung.

Insofern blieb er der äußeren Realität und seinen Verpflichtungen gegenüber „gesund“, obwohl er sich während der Therapie mehrmals eingestand: Ich bin kränker, als ich dachte.

Diese soziale Person, die reichlich mit Berufsbereichen ausgestattete Figur, die hoffentlich in nicht allzu starrer Struktur agiert, läßt sich von einem Ich abgrenzen, das nach unseren kulturellen Absprachen einem anderen Bereich der Zuordnung angehört: Es ist privat, nur sich selbst verantwortlich, beobachtet sich, strebt nach idiosynkratisch gewählten Zielen und lebt – so jedenfalls behauptet es der Autor – weitgehend unbewußt. Die Psychoanalytiker weisen diesem Ich verschiedene Grade der Autonomie zu, verwenden die Freudsche Topologie des Es-Ich-Überich und verweisen auf die Mittlerfunktion des Ich, auf den unlösbaren Konflikt zwischen den Instanzen oder schmelzen unser Ich in alles das ein, was als Trieb und Gewissen auch zu uns gehört und nennen es gemäß der Terminologie Kohuts und der Selbstpsychologie das Selbst. Jedenfalls bewegt sich dieses Ich-Selbst immerfort innerhalb eines Stroms von Psychischem, von Gefühltem, Gedachtem, Gewünschtem, bildet daraus die Grundlage von Emotion und Handlung. Es ist immer wieder überraschend, wieviel an Binnenleben einer Person durch soziale Konvention und persönliche Disziplin abgedeckt wird, unerkannt bleibt und erst in der Therapie zu Wahrnehmung und Wort kommt. *So mag, was dem therapeutisch kundigen Leser leicht verständlich ist, einen mehr „literarisch“ Lesenden befremden, wie düster und quälend der Autor seinen psychischen Lebensgrund schil-*

dert. Dieses Hervorholen des konventionell Unsichtbaren ist aber gerade seine Absicht. Sie steht im Dienste des Erkennens – und einer heilsamen Veränderung.

Im Akt des Schreibens fließen die sonst getrennt beurteilten Bereiche, das öffentliche Er und das private Ich, ineinander. Anders formuliert: Der Erwachsene trifft das Kind in sich. Das Kind begegnet dem Erwachsenen, zu dem es geworden ist. In der Therapie wechseln die Selbst-Einstellungen vom szenischen Fließen zur kritischen Reflexion. Der Text versucht, diese Verschiedenheiten lesbar zu verbinden.

2

Die Probleme jedoch reichen weiter. Gut wäre es, wenn wir mehrere Sprachen beherrschten: Lexikalisch eindeutige und persönlich vieldeutige, elaborierte und restringierte, Mutter-Vater-Geschwister-Sprachen, autonome und regressive – und wenn man sie vor sich und vor anderen verläßlich unterscheiden könnte! Die Psychoanalyse kennt seit dem 7. Kapitel der *Traumdeutung* Hilfskonstruktionen, die eine Richtung weisen, eine Zuordnung erlauben: die Begriffe vom Primärvorgang und vom Sekundärvorgang (GW II/III, 593 – 614). Sie bezeichnen den primären, kürzesten Weg von der Bedürfniserregung bis zur Wunscherfüllung wie auch den sekundären, längsten Weg über autonomes Denken zur Sublimation und Kultur. „Eine bittere Lebenserfahrung", so meint Freud, „muß die(se) primitive Denktätigkeit zu einer zweckmäßigeren, sekundären, modifiziert haben" (a.a.O. 571) und fährt später fort: „Infolge dieses verspäteten Eintreffens der sekundären Vorgänge bleibt der Kern unseres Wesens, aus unbewußten Wunschregungen bestehend, unfaßbar ..." (a.a.O. 609). Während Freud hart den Gegensatz zwischen Primär- und Sekundärvorgängen betonte (GW XVI, 69), erlauben wir uns heute, mehr im Spiel zwischen diesen Vorgängen zu leben – und eben dort befindet sich die analytische Therapie. Sie benutzt beide Vorgänge, die Sprache des Kindes und die des Erwachsenen in derselben Person, schätzt die jeweilige Ausprägung, bringt im analytischen Prozeß durch viele Wendungen, Wiederholungen, nach Verlust und Wiederfinden beide Sprachen in ein neues, lebbareres Verständnis.

Leuchtet es ein, daß eine nur auf den gehörten Wörtern beruhende Schriftlichkeit, wie sie das Protokoll bezeichnet, den therapeutischen Prozeß kaum erfassen kann? Seit Freud mühen sich viele psychoanalytische Autoren um das Problem, wie der in der analytischen Situation wahrgenommene Ausdruck des Unbewußten nachträglich in die Sprache des Berichts gebracht werden kann. (Vgl. Junker/Waßner 1984, 78 – 90 und Junker 1991, 165 – 188).

Bereits 1895 erkannte Freud in dieser so eminent wichtigen Frage der Schriftlichkeit psychoanalytischer Vorgänge, daß seine Krankengeschichten „... wie Novellen zu lesen sind" (GW I, 227). Wenige Jahre später schrieb er in der *Traumdeutung*, daß die Gleichzeitigkeit der Traumvorgänge in der von ihm postulierten Zeitlosigkeit des Unbewußten kaum angemessen im „Nacheinander der Beschreibung" (GW II/III, 593), also in der Linearität der geschriebenen Sprache ausgedrückt werden kann. Wiederum nur kurze Zeit danach, 1905, fand Freud für seinen Behandlungsbericht im *Bruchstück einer Hysterieanalyse* die geeignete Darstellungsweise für die Analyse des Mädchens Dora, die er so ausarbeitete, „...daß die Aufklärungen sich um zwei – in der Mitte und am Schlusse der Kur erzählte – Träume gruppierten ..." (GW V, 166). 1912 ist sich Freud in seiner Verurteilung scheingenau geführter Therapieprotokolle sicher: „Aber man muß doch im Auge behalten, daß genaue Protokolle in analytischen Krankengeschichten weniger leisten, als man von ihnen erwarten sollte. Sie gehören, streng genommen, jener Scheinexaktheit an, für welche uns die ‚moderne' Psychiatrie manche auffällige Beispiele zur Verfügung stellt" (GW VIII, 379). Diese Art Protokolle erfreuen sich bis heute bei der empirisch psychologischen Forschung großer Beliebtheit.

Wenn psychoanalytisch geschulte Autoren den zwischen zwei

Menschen entstandenen psychischen Vorgang der Beziehung, das Gesprochene, das Gefühlte, das Gedachte, Unausgesprochene und Nichtsprechbare *aufschreiben*, sind sie immer in Gefahr, sich in den Verschiedenartigkeiten dieser Abläufe zu verwirren. Was vom psychoanalytischen Prozeß in Form von erinnerbaren Wörtern erhalten bleibt, ist bezeichnend für die Mündlichkeit, lebt in der Gestalt beweglicher und vorläufiger Chiffren, während geschriebene, wiederlesbare Sprache festliegt und Anspruch auf Dauerhaftigkeit erhebt. Analytische Texte (auch Vorträge) haben in der Sicht der Germanisten oft etwas Vages, Ephemeres, sind an ihren Grenzen unbestimmt, suchen eher, als daß sie definieren. Das ist nicht weiter verwunderlich, haben sie doch ihren Ursprung in der sprachlich und außersprachlich gegebenen Deutung, die den Patienten nicht festlegen will, sondern zum Weiterdenken und tieferen Fühlen leitet.

3

Da eine eindeutige Reproduktion des Therapiegeschehens in Schriftlichkeit nicht zu erzielen ist, mag die Beschreibung des Weges, wie es von der Therapie zu dem vorliegenden Text kam, genügen. Der Text leitet sich von den Tagebucheintragungen des Autors ab. Diese Notizen wurden im Lauf der Woche jeweils vor der nächsten Therapiesitzung geschrieben und mit einem Datum versehen. Manchmal stammen sie also von verschiedenen Tagen. Bei der Texterstellung hat der Autor diese Chronologie beibehalten. Vorstellungen, die er dort nur mit wenigen Wörtern charakterisiert hatte, insbesondere die Kindheitserinnerungen, wurden inhaltlich ausgeführt. Es wurden also Seite für Seite diese Notizen ausgeschrieben, umgeschrieben, in einen anderen Text gebracht, nicht jedoch etwa Stunde um Stunde mit dem Therapeuten. Offensichtlich war die innere Kontinuität, der Ablauf seines Heilungsweges wichtiger als eine versuchsweise Objektivierung des Therapieprozesses, welche bei keinem Stadium der Ausarbeitung das Ziel seines introspektiven Schreibens war.

Der Text ist daher weder Protokoll noch literarische Fiktion.

4

Der Autor des vorliegenden Berichts sah sich der Schwierigkeit gegenüber, sich zugleich zu verdoppeln und zu spalten. So wurde er Schreibender und Beschriebener. Dabei bleibt er an seine Biographie gebunden und verfügt für das Beschreiben nicht über die Freiheit der literarischen Szene.

Verständlich wird daher, daß die dargestellten Personen als *seine inneren Bilder* fungieren, die keinen Anspruch auf äußere Realität haben, nicht sozial ausgewogen sind oder gar *objektiven* Ausdruck gefunden haben. Das gilt insbesondere von Eltern, die als Introjekte vorhanden sind, die Resultate und Kompromisse einer vergangenen Interaktion, also zwar an äußere Ereignisse gebunden sind, jedoch allein durch das Erleben des Patienten Bedeutung erlangt haben.

Der Patient, der den Blick auf diese verinnerlichten Figuren richten will, vergrößert und vergröbert sie. Er muß dies, um sie besser für seine Zwecke erkennen und verwandeln zu können. Er muß wieder Kind werden, um das wahre Größenverhältnis einigermaßen zurückzuerinnern. Er wird dabei dennoch Erwachsener bleiben und somit von den Über-Eltern sprechen müssen. Manche Reaktionsbildungen, die der Autor über sich nennt, Sensibilität, Friedfertigkeit oder der Wunsch nach Stille, deuten darauf hin, daß er Ereignisse der Kindheit als moralische Überschallung und grobes Eingreifen in den entstehenden Intimbereich des Kindes erlebt haben muß.

Was im Text wie eine Übertreibung klingen mag, erhielt seine Deutlichkeit auch aus der Identität als Therapeut, der schlechte Vernarbungen nicht unberührt läßt und Wunden solange künstlich offenhält, bis die Zeit ihrer Heilung aus Einsicht gekommen ist. Diese

Berufserfordernis des Therapeuten gilt auch für ihn als Patient. Insofern sind der beschriebene Therapeut und der schreibende Patient identisch: Das in der analytischen Behandlung *verstandene* Unglück ändert keine Geschichte, setzt niemanden herab, übt nicht Rache, sondern entläßt, hoffentlich, aus dem neurotischen Hadern.

5

Ein spätes Problem der Textherstellung ergab sich daraus, wie der Autor die Menschen seiner engsten Umgebung darstellen sollte. Wie sollten aus Freunden und engen Berufskollegen nicht-identifizierbare Personen werden?

In den ersten beiden Fassungen des Manuskriptes wurden alle Personen benannt und beschrieben; anders hätte der Text nicht entstehen können. Der Autor arbeitete in einer unausgesprochenen, doch deutlichen Hoffnung, ihr Einverständnis für seine Darstellung zu erhalten. In der ersten Einleitung bedankte er sich bereits für ihre Großherzigkeit, ohne zu bedenken, ob er sich damit eine unbewußte Aggression erlaubt hätte. Nach der Befragung mußte er zu seiner Überraschung ein eindeutig anderes Votum hinnehmen: Die wichtigen Personen verlangten Unkenntlichkeit, Anonymisierung.

Die Folgen waren einschneidend genug. Es reichte nicht, einen Vornamen oder eine Haarfarbe zu ändern: der *blonde Hans* ist ein anderer als ein *schwarzer Franz*; ihre Lebenswege können nicht identisch sein. Erst spät erkannte der Autor die Chance, daß der szenische *Umbau* es erlaubte, die innere, die Beziehungswahrheit in treffendere Wörter zu setzen. Paradoxerweise entfärbten sich dabei die realen Personen, nahmen sie bisweilen nur schemenhafte Konturen an, ein Zeichen, wie sehr sie mit seiner Biographie verwoben sind, er sie nicht zu *lebendigen Fremden* abtrennen konnte. Innerhalb der Therapie dienten sie der Selbstanalyse und Selbstreflexion.

Unveränderter Dank aber gilt den Töchtern Gesine und Franziska, heute in adoleszentärem Alter. Sie wollten im Gegensatz zu den

Erwachsenen nicht anonymisiert werden und freuten sich, in diesem Text namentlich auffindbar zu sein, obwohl ihnen weder Schminke noch seelische Verschönerung versprochen wurde. Gedankt sei besonders der im Text Lea genannten Freundin, daß sie erlaubte, aus ihren persönlichen Briefen zu zitieren.

6

Die vier Teile des Textes versuchen, Einschnitte deutlich zu machen, die weniger auf inhaltlich Getrenntes als auf verschiedene Gewichtungen hinweisen. In Teil I steht die psychosomatische Erkrankung, das Symptom im Vordergrund, die Realia und Repräsentanzen der *Lungenwelt* – dies eine sehr geglückte Wortschöpfung seines Therapeuten – die ins Somatische sich erstreckende, nicht-verbale Regression. In Teil II verringert sich die medizinische Symptomatik, unbestimmbare psychische *Angst* wird deutlich. In Teil III verstärkt und präzisiert sie sich als Furcht vor *Objektverlust*. In diesen beiden Abschnitten werden Textstücke länger, gewinnen den Anschein von literarischer Erzählung. Der therapeutische Dialog wird weniger in Wörtern dargestellt, der Beitrag des Therapeuten scheint vernachlässigt zu werden. Dieser Vorgang ist jedoch ein Hinweis auf die Dichte des analytisch-therapeutischen Prozesses, in dem der Patient den Therapeuten integriert, inkorporiert, sich von ihm, dem guten Objekt, ernährt. Das Sprechen in der Therapie ist weitgehend zu einem Binnen-Dialog in der Psyche des Patienten verwandelt. Im Text heißt es: *Therapeuten, die Boten der Möglichkeit, sind nach vollbrachter Arbeit wie geplündert und ausgesogen. Mit dieser Verwendung sind sie einverstanden gewesen.* In Teil IV werden die Übertragungsbindungen zum Analytiker als Mutter und die Wahrnehmung der Übertragungsarmut zum Analytiker-Vater deutlicher. Die innere Anwesenheit einer dritten Figur, die Übertragungs-Helferin Lea, bringt in den analytischen Prozeß auch einen partnertherapeutischen Aspekt.

7

Der Autor muß eine Verwunderung mitteilen, die einem Analytiker so nicht – oder gerade so? – anstehen sollte. Er war vom Erfolg seiner einjährigen Therapie überrascht. Symptomfreiheit, ein beweglicheres Interesse an den Vorkommnissen seines Lebens, ein Gang, der etwas weniger gebeugt ist, ebenso wie ein lebendiges Gefühl von Erleichterung erhielten sich über die vergangenen beiden Jahre. Diese Lebens-Zuwendung verdankt der Patient seinem Therapeuten und analytischen Kollegen, Professor Dr. med. Reinhard Plaßmann, der ihn ohne Umstände in seiner analytischen Praxis empfangen und sofort mit ihm zu arbeiten begonnen hatte.

Entsprechend einem gemeinsamen analytischen Credo, daß Objektbeziehungen eines Patienten im Erkennen und Erdenken der unbewußten Phantasien neu verknüpft werden, daß synonym zum Denken das Weiterfühlen und Ausfühlen der inneren Wunschwelt und ihrer Ausgestaltung zum Gelingen der Therapie beitragen, meint der Autor, daß sowohl die therapeutische Beziehung als auch die Deutung seiner unbewußten Konflikte zu seiner Genesung beigetragen haben.

Wenn er diese fachliche Formulierung auf sein unmittelbares Erleben bezieht, meint er, die Wirkung der Therapie beruhe auf einem zweifachen Geschehen: der Hinwendung seines Therapeuten, der Zeit, Interesse, Einfühlendes und Selbstverständlich-Eigenes gab, und der Zuwendung seiner mitleidenden und mithoffenden Lebensgefährtin.

Solche analytische und liebende Fürsorge mildern die Kränkungen und Selbstkränkungen und lassen aus solcherart neu gewonnener Eigenliebe die Kraft entstehen, durch die sich der Patient wieder an seine realen sozialen Wünsche und Aufgaben begibt.

H. J.

Erster Teil

1

Nun war er selber Patient geworden.

Umgeben von einer großen Zahl stummer und bleicher Menschen, die, wie er, mit der Terminabsprache *vormittags* einbestellt worden waren, wartete er im ebenerdigen Saal der ehemaligen kleinen Sommerresidenz, in der die lungenärztliche Ambulanz der Heilstätte untergebracht war. Er orientierte sich an den Gegenständen, die hohe Decke, von der an langen Schnüren Glaskugeln herabhingen, die Einfachbestuhlung und der abwaschbare Linoleumboden, die Fenster bis in Sitzhöhe mattverglast, darüber die Äste hoher Platanen und das durchsichtige Blau eines Herbsttages. Dann las er lange und betont einen englischen Fachtext, der ihm Denken abverlangte und ihn von der angstvollen Verdünnung seines Selbst abhalten sollte, die ihn hier mit den Kranken verband. Inmitten des Aufsatzes von Roy Schafer, der sich mit psychoanalytischer Interpretation von Lebensgeschichten befaßte, war in ihm unerwartet eine Formulierung entstanden, eine Befürchtung über sich selbst, die er sofort auf den oberen freien Rand des Buches mit Bleistift notierte: ... daß ich durch intime Berührung infiziere. Er dachte weiter: Was in mir zerstörerisch abläuft, versuche ich auf einen Anderen zu übertragen und dort in Gang zu setzen. Später unterstrich er im Tagebuch das Wort *infizieren.*

Professor Pottvogel ließ bitten, seine Maschinen arbeiteten, und er war nach zwei Stunden im Besitz der Befunde, die die Krankheit des Patienten dokumentierten. Diese diktierte der Pulmologe in der engen körperlichen Gegenwart seines kollegialen Patienten, den er stethoskopisch abgehört und eigenhändig beklopft hatte, und der nun bis zum Bauch entblößt über Eck auf dem zugewiesenen Hocker saß. Sein Inneres besaß der Lungenprofessor in Form eines durchscheinenden Röntgenbilds, das er während des Diktierens bequem vor dem Beleuchtungsschirm studieren konnte. Dazu gehörten auch die Papierstreifen der Atemvolumina mit und ohne Gegenströmung sowie fotokopierte Schemata, die ihm weitaus Komplizierteres in verschlüsselter, jedoch zugänglicher Symbolik mitteilten. So sprach er leise in das Kugelkopfmikrophon, das er dicht an den Lippen hielt, unterbrach sich nur kurz, um zur Vergewisserung den unteren rechten Lungenlappen des Patienten noch einmal auf Pfeifen und Giemen abzuhören – und blies aus gespitztem Mund geschwind und fast geräuschlos diese Befunde in das schwarze Gitternetz. Pottvogel steigerte sein Tempo, schielte vom Röntgenbild zum Patienten und nahm dessen Atemtypus wahr – Beobachtung ist alles – redete in geübtem und beschleunigtem Medizinerlatein seine Befunde über Erhorchtes, Ersehenes, über Oberes, Mittleres, Unteres, Seitliches, über Aorta, Aortenbogen, Verkalkungen, Herde oder Verkapselungen, über Inspiration und Expiration und kam mit letzter Atemluft, den Zeitgewinn genießend, in ein aushauchendes Crescendo, so daß sein Mund im Krampf erstarrte und für einen Augenblick ein kleiner Rüssel aus Lippenfleisch am schwarzen Kopf des Mikrophons klebte.

Der Lungenprofessor, Chef über die große Klinik und mit den Assistenten auch über die Vielen aus dem Warteraum, entließ seinen Kollegen mit einem Rezept über drei Wirkstoffe, Cortison natürlich, ein Expektorans und eine Dauermedikation mit Theophyllin. Professor Pottvogel spürte, wie sein Patient Luft gesammelt hatte und sprechen wollte: „Nein, Herr Kollege", sagte er ihm, „anders geht es nicht. Anders geht es sicher nicht." Der Patient, hinausgeschoben, bedankte sich, nach rückwärts gewendet, stumm und artig. Immerhin hatte er während der letzten Woche an ernstzunehmenden Atemstörungen gelitten, und immerhin war Pottvogel sein Kollege von der etwas anderen Fakultät. Später bekam der Patient Privatrechnungen vom Notarztwagen in Hamburg, über ambulante Dienste, über den stationären Aufenthalt und die Oberarztvisite.

Professor Pottvogel erwies sich als der einzige Arzt, der sein Honorar mit dem Faktor 1.0, dem niedrigstmöglichen, eingesetzt hatte.

Am Abend spürte der Patient das unstillbare Verlangen, seinen Pulmologen zu karikieren und unmöglich zu machen. In einer Talkshow hätte er ihn als Tablettenwerfer, Chemotechniker, Zahlenfetischist bezeichnet, eine beziehungslose Kreatur mit einer verstümmelten Sprache. Er erinnerte sich an seine Lippen, die im letzten phonetischen Bemühen verkrampft und erstarrt waren, Pottvogels absolutes Nichtinteresse an ihm, seiner Biographie, seiner ihm gewordenen Krankheit. Der Patient will seinen Freund Heinz anrufen und seine Empörung mitteilen, aber die letzte Postkarte von Lea hatte ihn gewarnt. Er wartete, rief später an, berichtete ihm kurz und bündig, abstrakt und emotionslos, es sei keine schwerwiegende organische Störung festzustellen, er habe ein Paket voll Medikamente bekommen, das war es.

Heinz, der seit kurzem aus München zugezogene Analytiker, den er aus langen Jahren der Ausbildung kennt, wunderte sich über seinen Ton, sprach ihn darüber an, und der Patient gestand ihm dann doch die Wut über den Pulmologen und die letzte, seinen Anfall auslösende schlimme Szene mit Lea: Wie er gepreßt atmete, nicht ausatmen konnte, dann hustete, Tee trank, und sich zu beruhigen versucht hatte. Er wollte keinen Arzt aufsuchen. Schließlich rief Lea trotzdem an und erreichte eine am Freitag nachmittag noch praktizierende Ärztin, Dr. Breitsched, die nur ein Straßenquadrat entfernt wohnt.

„Ich werde Ihnen eine Spritze geben", sagte die große blonde Frau, die sein würgendes Husten aus dem Wartezimmer erschreckt aus ihrer Ordination getrieben hatte. Er sagte stimmlos zu Lea: „Das ist auch so eine, die ohne Untersuchung gleich spritzt." Er muß ganz schlimm ausgesehen, aber noch bösartiger gezischt haben, kaum gesprochen. Später sagte ihm Lea: „Dann habe ich meine seelischen Koffer gepackt..."

Heinz war im Institut dafür bekannt, bei jeder Aufregung seine wohltönende Stimme bereits im Klang auf die therapeutische Ebene einzustellen, die sofort beruhigte und Ich-Kräfte mobilisierte. Bei Herrn Pottvogel ginge es nicht um irgendeine Beziehung zu einem Menschen, sondern wirklich nur um die Meßwerte. „Dafür hast Du ihn beauftragt, für nichts anderes.“ Das bestätigte ihm der Patient gern, die Enttäuschung aber blieb bestehen. Denn an diesem schönen Spätsommermorgen, vorlesungsfreie Zeit an der Hochschule, war er gern, gelöst und offen, auch symptomfrei und hingabebereit in die Lungenklinik gefahren, hatte einige Alleen abgeschritten, bis er den Weg zur Ambulanz gefunden hatte, den Blick hoch in den alten Baumbestand, Windstille, Zeit um mit einem Menschen zu sprechen. Er hatte die Situation falsch eingeschätzt: Offen wollte er sein, er mochte Ärzte, auch Krankenhäuser in Parks, hatte erwartet, dort einen wohlwollenden Vater zu treffen.

Der Patient fühlte sich von Heinz verstanden, die erstmals eingenommenen Medikamente erlaubten ihm symptomfreie Atmung. Er war allein in seiner Wohnung mit dem abgegrenzten Praxisbereich, von der aus er weit in die Stadt blicken konnte.

Auf der bitteren Postkarte hatte Lea in roter Tinte geschrieben: „... aber ich meine zu wissen, daß in diesem Fall Du hauptsächlich erstmal wirklich Dein Leid leiden (und nicht klagen) solltest, um dann auf anderer Ebene, es mitzuteilen.“ Sie schrieb von der Savoldo-Ausstellung, er kannte diesen Maler nicht. Die Postkarte zeigte eine Maria Magdalena, und in Klammern gesetzt: Die Venezianerin, ein enges, ernstes, geneigtes Gesicht in einem zu tiefen Falten geworfenen Umhang aus schwerem goldbraunen Stoff.

Er atmete laut und beschwerdefrei, innerlich ausgekleidet von den Medikamenten. Er entschloß sich, endgültig nach einem Therapeuten zu suchen.

2

Der Patient überlegte, ob er aus den Geschehnissen der letzten Monate vor dem schweren Asthma-Anfall herausfinden könnte, welches seelische Ungleichgewicht er erzeugt, welche Zeichen er überhört hatte.

In Washington, unweit der Library of Congress und den Freud-Archiven, wohin Heinz und er als historisch forschende Analytiker dienstlich geflogen waren, warteten sie an einer Bushaltestelle, als ein träge vorbeirollendes Taxi, ein breiter verbeulter Schlitten, mit der aufgeknickten hinteren Stoßstange den äußersten einer Reihe zur Abholung bereitgestellter schwarzer Müllsäcke erfaßte und ihn schabend hinter sich herschleifte. Bald platzte die überdehnte Folie. Neben den Analytikern blieb eine ältere Frau stehen, drei Regenschirme vereinten sie. Der Patient sprach mit ihr; sie waren sich einig über das Übel in der Welt. Heinz aber wollte weiter, seinen Schirm vorwärts gegen den Wind. Gehupe, Geschrei aus verschiedenen Richtungen.

In der Mittagspause, in der überfüllten Cafeteria unter dem Dach, die kleinen Abfalleimer auf den Tischen schon randvoll von Plastik- und Papiergeschirr, bot sich dem vom Lesen starren Blick nur eine neblige Aussicht durch tropfentrübe Scheiben. Heinz: „Du nimmst eine fiktive Beziehung mit der Frau auf, die sich mit Dir, wie Du meinst, gegen den fühllosen und sozial indifferenten Taxifahrer verbündet. Was willst Du damit?" – „Mir ist danach." – „Das klingt so überzeugt, als ob Du das und nichts anderes wünschst, die Verbindung mit dem Elend." – „Mir tut das gut." Seine Stimme klang bedrückt. – „Ich denke", sagte Heinz „diese Bereitschaft, dieses ständige Hineinkriechen in andere überfordert Dich ... das macht Dich müde."

Es muß in ihm ein Dauerreden und Dauerhören sein, eine ununterbrochene Verbindung. Führe ich mit der kleinen ältlichen Frau unter den benachbarten Schirmen auch dann lange Unterhaltungen, gemeinsam im Anblick des aufgeplatzten Müllsacks und der von überall her einbrechenden Geräusche, wenn die Szene längst vorüber ist? Begierig nämlich hatte er gehört, daß die erschreckte Dame vor sich hin und auf ihn hingejammert hatte, daß es immer schlimmer werde mit den Schwarzen, denen man auch noch Geld gebe, dafür daß sie nicht arbeiteten, während ihre Rente nicht erhöht würde. „Nicht einmal die Ratten vertreiben sie selbst. Und jetzt ist die Siedlung am Potomac nicht mehr abgeschlossen. Hier, hier den Oakland-Drive hinunter, da sehen Sie es schon früh am Morgen. Gehen Sie dorthin, ja, oder besser nicht."

Oder besser nicht, die unheimliche Einladung. Denn das Bessere gibt es nicht. Nur wie vorläufig befasse ich mich mit der Korrespondenz von Paul Federn und Joseph Storfer 1940 zwischen Shanghai und New York. Kehre ich von meiner sinnvollen Archivarbeit zurück, befasse ich mich mit einem Grundton inneren Hörens und Redens, Berichten aus dem Jammertal. „Du klagst", hatte ihm Lea in vornehmer Sprache geschrieben. Er hatte das nicht verstanden. Gewiß war es der eine oder andere Satz von Müdigkeit und dünner Haut und Anstrengung, den er nach Hamburg telefoniert hatte. War das zuviel? Was hatte er nicht gehört in dem, was er gesagt hatte?

Oder wollte er nicht hören, weder auf sich noch auf andere? Mit Gedanken bereits an einen noch anonymen Therapeuten gerichtet, spürte er, wie er diesen Menschen, würde er nur einmal richtig reden dürfen, mit Auswürfen überschütten, beschmutzen, ihn wegreden würde mit den mühelos geschöpften Wörtern aus einem breiten Strom des Rechthabens, der dann unaufhaltsam in die Nutzlosigkeit münden würde. Er erschrak, unter Herzklopfen nahm er wahr: Ich habe ihn weggeredet. Ich will ihn nicht. Er hält mich nicht aus!

Wenige Wochen vor seiner Erkrankung, auf der Sommerreise, die auf dem Rückweg erstmals ungehindert von Wien über Prag und Dresden nach Hamburg führen konnte, hatten Lea und der Patient an der Karlsbrücke gesessen und versucht, das Bedrohende durch die Feststellung der Verschiedenheit zu bannen. Sie verstanden ihr jeweiliges Ich als Brücken, die ihre gläsern und diamantenhart, an straff gespannten Drähten, die seine schwankend an Seilen. Sie hatten sich zu versichern versucht, daß es verschiedene Bauweisen gäbe, die zur Kommunikation geeignet sind. Die Metaphern hatten das Unglück nicht aufgehalten.

Die Hausärztin des Patienten, die viele Allergo-Asthmatiker betreut, empfahl ihm trotz seiner vorgebrachten Bedenken nachdrücklich, Herrn Pottvogels Medikationsvorschlägen zu folgen. Der Patient kopierte die Originalvordrucke der Atemvolumendiagramme und trug alle vier Stunden, die Nacht ausgenommen, auf Millimeterpapier seine Werte ein. Die Krankheit hatte die meßbare Repräsentanz erreicht.

Wie hätte er die Pottvogel-Geschichte anders erzählen sollen? Verantwortlicher Lungenfacharzt, Herrscher über viel bleiches Elend im Wartesaal, der überquoll; junge Leute auf breitem Treppenabsatz sitzend, Kinder zwischen den Knien ihrer Mütter eingeklemmt oder rasend zwischen Getränkeautomat und Rückrufappellen, große geblümte Sommerkleider, Angstschweiß, jüngere Männer, die alt aussahen, kein Ventilator. Schlecht organisiert wohl, dachte er, geriet tiefer in die abwertende Version der Geschichte, bemerkte es und versuchte, sie sich anders vorzustellen: Vielleicht war der Oberarzt krank und der Chef bei einer Notoperation aufgehalten, die Röntgenschwester nur aus Übermüdung grob und bärbeißig, die Mädchen an dem geputzten Glas, den Schläuchen, Einwegklappen der Voluminatoren und Atemwiderstandsgeräten offensichtlich freundlich geschminkt, sie unterbrachen sogar für einen Augenblick ihr Reden vom Sommerschlußverkauf und vom Baden. Der Patient hatte die Laufzettel mitgebracht und in die Hand des Chefarztes gegeben, unter dessen gewissenhaftem Auge die zahlreichen Werte zu dem einzigen Bild verfestigt wurden, das er ihm nach bestem Wissen und Gewissen offerierte, ihm und allen fünfzig Menschen heute früh. Bedenke, sein Heutefrüh reicht bis in den frühen Nachmittag, vielleicht gönnt er sich einen Kaffee, zwei Kekse, keine Milch. Gestern hat er sich dummerweise an der eisernen Türfüllung zum Röntgenraum gestoßen und die Schulter schmerzt ihn. Weißt du denn, was ihm an Asbestlungen, Tuberkulosen, Bronchitiden, Emphysemen heute morgen untergekommen ist, welche Berentungsanträge auf seinem Lebensplan standen?!

So hatte er es Lea nicht erzählt, statt dessen: bissig, vorwurfsvoll, böse. Jetzt würde er sie am liebsten anklagen: „Rede weiter, hast Du das nicht gesagt? Warum hast du dieses Eindringen zugelassen, warum schützt du Dich nicht?"

„Wenn ich mich schütze, bin ich nicht mehr bei Dir."

Ihm ist, als stünde eine Trennung bevor, als stünde eine ernste stumme Botin in der Tür, den Abschiedsbrief in der Hand.

3

Ein Nachspiel zum Wundern, *so arbeitet nun einmal das Unbewußte*, würde einer seiner mitleidsloseren Kollegen sagen. Als Lea eines Abends danach kurz und sehr freundlich angerufen, sich nach seinem Befinden *erkundigt* und das Gespräch bald beendet hatte, war er einer großen Täuschung erlegen. Denn die Vorstellung, er nähme sie nun einfach mit in sein Bett und schlafe wollüstig und tief, wurde bitter enttäuscht. Gegen zwei Uhr morgens wachte er auf, hörte, wie die Atemwege rasselten, legte sich abwechselnd je auf eine Schulter, um den Brustkorb zu entlasten. Dennoch atmete er zäher und gepreßter, bis er nichts mehr an Lebensgeräusch hörte und zum Inhalator griff. Die Eintragung in seine Atemvolumenkurve sank erheblich in den pathologischen Bereich. Er entdeckte auch, daß er den Behälter seiner Medikation als ihm zugehörig ansprach: wo ist *mein* Inhalator?

Am anderen Morgen mußte er die erste Analysandin wegschicken, die anderen erreichte er telefonisch. Gut, daß noch Schulferien waren.

Oft fiel ihm Marco ein, der junge Pizzabäcker, der gelegentlich spätabends im weißen, befleckten Unterhemd aus seiner Ofenecke auftauchte, lieb, arm und ohne Chance, wie ihm schien. Wiederholt sagte er einen seiner wenigen deutschen Sätze, in Beschwörung und Sicherheit: „Jetzt muß es die Liebe bringen." Erlösung durch totale Beziehung. Was aber ist verklebt, verbacken, verschwielt, vernarbt, daß es gelöst und erlöst werden muß? Er – und der andere er in der Lungenklinik, beide enden in ihrem Schnauzkampf.

Der angesprochene und angeschriebene analytische Kollege hörte ihn an, antwortete ihm, sie vereinbarten eine Stunde. Kein Hadern mit der Zeit, kein langes scheues Hinterfragen. Es war auch ärztliches Entgegenkommen darin, kein Analyseversprechen, mehr aber als einmalige Gefälligkeit. Honorarabsprache, Diskretion. Professor P. ist jünger als der Patient, aus demselben psychoanalytischen Institut, war aber von ihm als Dozenten nie direkt abhängig gewesen. Der Patient mochte den Kollegen. Im übrigen fühlte sich der Patient so krank, daß er sich über Institutionelles leicht hinwegsetzen konnte.

Der Patient kannte Herrn P. aus gemeinsamen Seminaren, seine außerordentlich wachen Augen, denen seine wenigen Wörter entsprechen, wenn er sich vorbeugt und überdeutlich artikulierend, kleine Pausen zwischen den Buchstaben läßt. Er nutzt die Morpheme.

Wenn er schweigt, zieht er sich zurück, wartet wie ein Fels. Seine Gesichtshaut läßt Rauhheit und kleine vernarbte Einziehungen erkennen, wohl Spuren einer juvenilen Akne. In der Anspannung zwischen Hören und Sprechen sticht er gelegentlich mit der Spitze einer Füllfeder oder eines Bleistifts an einzelnen Haaren seines schmalen Oberlippenbarts. Er neigt zu einer athletischen Fülle, die vielleicht nur aus seiner beachtlichen Körpergröße resultiert.

Die Treppe zum Haus des Analytikers am Rande einer Kleinstadt ist, weil an einem mäßig steilen Hang gelegen, von hellroten, backsteingroßen Platten bedeckt, die unter dem Schuh hell und hohl klingen. Im Regen glänzt eine dünne Wasserschicht auf ihnen, sie wirken glatt. Es gibt kein Geländer, nur nasses, nicht ganz frisch geschnittenes Gras an den Rändern. Mehrere solche im Winkel versetzte Stufenreihen folgen einander, von flachen Absätzen unterbrochen. Jäh überkam den Patienten der Gedanke, der Wunsch, auszurutschen und hinzufallen. Ein Beinbruch diesmal, ähnlich wie der Atem-Unfall in Hamburg, Hilfe, der Ambulanzwagen, der ihn davon führe. Oder auch, weniger deutlich: Auf der Schwelle des Analytikers liegen, demütig, bis er ihn aufhebt, hochträgt, einerlei ob auf Couch oder Bett, wie bei Lea. Nur nicht hinfallen! befahl sich der Patient. Ich habe die falschen dünnen Schuhe angezogen, jetzt im Regen. Auf dem Gras rutsche ich noch mehr. Ich gehe wie ein alter Mann, beobachtete er sich, setzte den Fuß vollständig auf, horchte auf den Klang, verlagerte vorsichtig das Gewicht des Körpers für den nächsten Schritt. Den Gefallen tue *ich ihm* nicht, suggerierte er sich, wegzugleiten und hinzustürzen, den Gefallen tue *ich mir* nicht.

Nach dem Bericht über die Vorkommnisse in Hamburg und die Untersuchung bei Professor Pottvogel erzählte der Patient, ihm peinlich genug, doch auch vom Wissen über analytische Therapie getrieben, seine Einfälle auf der glitschigen Treppe soeben, von Masochismus und Aggressionen, Wünschen und Regressionen. Gegen Ende der Sitzung kam der Analytiker auf die unterhöhlten Platten seines Treppenwegs durch den Vorgarten zurück und sagte: „Ihre Phantasie vom Hinfallen enthielt auch: Bei mir gibt es Luft.“

Auf der Rückfahrt, sehr erleichtert, fiel dem Patienten ein, wie er sich das Leben wünschte. Er verband es mit der vergoldeten Uhr seines Großvaters, dem einzigen Erbstück, das er aufbewahrte und immer wieder zu einem Uhrmacher bringen wollte, es aber nicht tat. Lea hatte ihm die Uhr fast heimlich abgenommen, bei einem Hamburger Uhrmacher, der eigenhändig die gebrochene Welle drehen und anpassen konnte, reparieren lassen und ihm zurückgeschenkt. Große Freude. Bei stärkerer und längerer Erschütterung aber ging die Uhr nach. Er berichtete dies seiner Freundin. Die Adresse des Handwerkers, der übrigens nur drei Straßen weit entfernt wohnte, kannte er inzwischen. So lag die Uhr auf seinem, dann auf ihrem Schreibtisch. Er erklärte sogar, er werde sie selbst hinbringen. Doch das Wunder sollte anders aussehen: Wieder zum zeitgenauen Laufen gebracht und aufgezogen, sollte sie, gleich angekettet in der Hosentasche, ständig für ihn bereit sein, ihn unbemerkt bedienen.

4

Sein Analytiker überraschte ihn mit einem genialen Begriff. Er hatte das Wort von der *Lungenwelt* geprägt. Darauf zentrierte sich das Denken des Patienten, es benannte den Ort des Atmens und Sprechens, der Fülle und Leere, des Stillstands und der Bewegung. Die Hohlräume der Lungenalveolen sind von Schleim bedeckt, die Bronchiolen durch die nervliche Erregung zu eng gestellt. Vielleicht verkleben so ähnlich auch seine Hirnwindungen, bildlich gesprochen. Die Lungenwelt ist ausgehöhlt und weit genug, um die Größenideen zu beherbergen, sie in ihr zu erwägen. Der Patient spürte, wie in den analytischen Stunden sich die Wörter auf die Lungenwelt ausrichteten, nicht jungenhaft robuste, eher empfindlich mädchenhafte Wörter, gut für die Lungenhäute, die verborgene, schimmernde Auskleidung, die inzwischen rauh geworden war, sich wundgerieben hatte, da der ihnen eigentümliche Speichel fehlte.

So gelang es ihm, eine Vorstellung sogleich in ihrer Wirkung auf sein Atmen zu beschreiben: „Wenn ich an die Szene im Auegarten mit Gesine denke, so halte ich die Luft an, mitten im Satz. Ich stelle das Atmen ein, fühle mich steif und stumm."

„Sind das Schläge, gegen die Sie sich wappnen, gegen die Sie sich festhalten?" fragte der Analytiker.

Der Patient atmete auf einmal schwer, als ob es ihm die Brust mit dichterer Substanz füllte, ihm quälend den Raum nahm, dieser heiße, ja stickige Nachmittag, die hohen Bäume des Aue-Parks windstill erstarrt, auf schütterem Kies die weißen, stapelbaren, zu leichten Stühle des Gartenrestaurants. Dieses damals Erlebte, eine schmerzlich lange Folge, hatte sich in ihm erinnerungsfähig präpariert, in Einzelheiten geordnet bereits eingestellt. Der Patient blickte hastig zu seinem Analytiker, zweifelnd, ob er so sprechen dürfe, wie er es im Augenblick empfand, während dieser ihm ruhig antwortete: „Ich höre gern."

Seine große Tochter Gesine war es, die ihr dreizehnjähriges Leben mit ihm abzurechnen nötig hatte. Christa war dabei, die befreundete Sozialpädagogin, beruflich mit Adoptionsfragen befaßt, eine mildernde Zeugin.

„Nie wollte ich auf die Schule, alles habt ihr mir aufgezwungen!" so lautete der Tenor Gesines – die Stimme hochgezogen, schrill, auf Alarmstärke gestellt. *Nie und alles*, das griff ihn an. Wie die nächtlichen Anrufe, das unregulierbare Rasseln eines alten Telefons in der Entbindungsstation eines süddeutschen Krankenhauses, ein Rasseln in harten, spitzen Schlägen, lange Zeit zurück, unvergessen im Ohr. Er überblickte den Tisch des Gartenrestaurants, bestellte Eislimonade und zwei große Biere, bot, im letzten Versuch der Besänftigung Eiskarte, Kuchenkarte, Getränkekarte an, versuchte sein *Alles* und wußte, er war schon untergetaucht in die Welt des Vorwurfs.

Wie eine in allen Schichten vergiftete Sahnetorte stellte Gesine ihm ihre Gekränktheit zur Nahrung hin: Das Französischlernen, der Cellounterricht, die blöde Eurythmie, das Rechnen und überhaupt: Schreiben! Er, der Vater, hatte aufgeregt mit Frau Ahlert, einer geduldigen Waldorfschullehrerin gesprochen, deren langsame Gesten der Verneinung zwar seine Unruhe milderten, das Problem aber nicht lösten. Er erinnerte sich, daß Gesine wie in einem kalligraphisch begonnenen Initial die Buchstaben, die einander folgen sollten, so gut wie vollständig in diesem ersten Großbuchstaben unterbrachte, in die untere Wölbung des B das kleine a, darüber das u und schließlich das m, eher wütend über das ganze Konvolut gekritzelt, so daß von dem fließenden Zug der Zeichen nur ein Schmierfleck, eine zerquetschte Spinne, blieb. Aufgefordert zu verbessern, rührte sie in ihrem kakographischen Produkt.

Qual aber sprach aus ihr, als sie nicht endete, ihre Schulmisere ausschrie, Lehrer um Lehrer, Lehrerin um Lehrerin, Woge um Woge der Wörter. Christa erschrocken, wach und stumm. Es war schwül draußen im Aue-Park. Mutlos bot er Getränke an. Die Endlichkeit der adoleszentären Vorwürfe verwandelte sich in ihm in die Gewißheit der Unendlichkeit. Immer so. Nie anders. Welches war sein eigenes Unglück? Welches hatte er weitergegeben, er, ein Analytiker? So schlimm kann das Leben doch nicht sein. So schlimm aber ist es. Langsam, wie ächzend, in einzelnen Schüben knarrten schwere Türen in ihm zu. „Sie merken es nicht", hatte Dr. Pottvogel gesagt, „wenn ihre Atemleistungskurve abfällt, deshalb die Dauermedikation." Hier wurde es ihm panikartig deutlich, die Verengung, das klebende Verstummen, die Reserveatmung unter den oberen Rippen und dem Schlüsselbein.

Mehr davon?

Die Scheidung, die sich dahinschleppte. Dabei kein Elend, mäßiges Unglück, von ihm gewünscht, für ihn notwendig. Gemeinsames Sorgerecht für die wenigen Jahre der Adoleszenz der Mädchen, verbindliche finanzielle Absprachen. Er bleibt Alltagsvater, für Schulsachen, Mittagessen mit Haushälterin Claudia, Schwimmbadfahrten, für die kieferorthopädische Sprechstunde. Das erste, langversprochene Pferd, Mikado wird es heißen, wird von einem Hof in der Nähe Fritzlars zum Bauern Schaumburg gebracht, wohin beide Mädchen leicht mit dem Fahrrad kommen. Sie reiten, seit sie sich auf Ponyrücken allein halten konnten. An vielen verstreuten Nachmittagen war, auf Inserate hin, auf Koppeln, in Höfen, in Ställen gesucht und geprüft worden. Beinahe hätte es das Pony Jessica gegeben, ein Kutschenpferdchen.

Genug Vernunft, bei alledem, soziale Arrangements und Gelassenheit der Beteiligten. Dagegen Mariannes Stimme am Telefon, die sofort nach ihrer Namensnennung in unaufhörlicher Bitternis spricht, eindeutig durch ihn in ein Schicksal gepreßt, das auch sie nicht mehr will. Aber ihre finanziellen Forderungen sind zu hoch, er kann ihr Gerechtigkeitsgefühl nicht teilen, sieht nur Bestrafung. Die Wörter mit ihr erhellen nichts, er der Täter aus dunklem Hinterhalt. Vor Monaten war sie, gerade vom Physiotherapeuten in den Wirbeln gelockert, zu früh, zu flott von der Massagebank gesprungen. Rückenleiden mit Arbeitsunfähigkeit? Sicher hat sie mit ihren Ansprüchen recht, – aber wann begrenzt sie sie, wann hört sie damit auf!

Mehr davon?

Leas Brief: „Es ist die Ähnlichkeit der inneren Verfassung, soweit ich diese bei Dir spüre und bei Monsieur Folantin beschrieben sehe. Es ist die Unfähigkeit, seine innere Stimmung zu regulieren; es ist die ständige Klagerei und die immer wieder auftauchende Illusion, durch Änderung, das heißt ersonnene Änderung des Äußeren, die real sogar oft nicht einmal in Angriff genommen wird, das eigene Innere besser stimulieren zu können ...

Hier nun komme ich auf mich zu sprechen; und ich muß sagen: Huysmans Monsieur Folantin ist mir unbekömmlich! Ich befürchte, fast weiß ich es, fast – daß ich nicht die Frau bin, die ihn vor seinen Stimmungen bewahren kann. Tragisch nun, daß ich mit diesem Herrn zusammenzuziehen gedenke (gedachte) ... Aber, ehrlich gesagt: gerade im Augenblick ist mir nach Flucht zumute!

Ob diese Stimmung anhält, weiß ich nicht zu sagen. Ausgelöst wurde sie zuletzt ... durch Deine Unzufriedenheit mit Deinen Kindern, die *Übertragung* dieser Unzufriedenheit auf Lilian und dadurch auf mich ... Warum soll Lilian darunter leiden, wenn Du ungezogene Kinder hast? Warum soll meine Hilfsbereitschaft, die ein wesentliches, unverzichtbares Merkmal meines Charakters ist, gekappt werden durch Dich, oder die Laus, die Dir über die Leber gekrochen ist?

Ich will es einmal das Monsieur Folantin-Syndrom nennen, diese Verallgemeinerung einer eigentlich begrenzbaren negativen Erfahrung."

Mehr davon?

Sie schrieb weiter: „Bei Dir wird zwischen innerem Spannungsanstieg und dessen Äußerung nach draußen nichts geschaltet, kein Denken. – Was hat das mit mir zu tun? Mir scheint immer mehr, daß ich wie eine Flasche Wein etwa, manchmal benutzt werde: zur Spannungsminderung, zur netten Stimulierung. Manchmal – keinesfalls immer ... Du bist mir, was die Regulierung Deiner und darauffolgend meiner Stimmung anbelangt, zu schwierig; ich muß mehr Abstand von Dir haben, rein räumlich. Ich meine auch, Du brauchtest gar nicht so sehr in mich reinzukriechen – meine Stimmung ist durch mich allein besser gesichert als mit Dir. Es ist sehr schön, manchmal mit Dir zu verschmelzen, es ist aber auch sehr schön, wieder eine freie Frau zu sein; so denke ich.

Verstehe bitte meine Bitte, die ich heute ... schreibe: ... Ich will weiterhin über mich verfügen können ... Bitte verstehe es, wenn möglich, oder akzeptiere es ohne Verständnis oder ... und sag mir was Du in dieser Sache meinst."

Er mußte Gesine und Leihmutter Christa fluchtartig im Aue-Park zurücklassen, solange ihm die Restatmung erlaubte, in seiner Wohnung eine Maximaldosis seiner Medikamente einzunehmen. Seit diesem Nachmittag trug er für Monate den Inhalator mit sich.

Sein Analytiker macht sich kurze Notizen, während der Patient spricht, sie hatten es so vereinbart.

5

Der Patient verfolgte in diesen Monaten eine eigentümliche Technik, den Schlägen auszuweichen: er verteilte sie in der Zeit. Auf Leas Brief notierte er oben auf der ersten Seite: Erhalten am 19. August, gelesen am 23. August.

Bereits zwei Wochen zuvor hatte der Patient zweimal abends mit seinem Freund Heinz telefoniert, ihm gesagt, er sei unruhig, gespannt, er erwarte Schlimmes von Lea, einen Abschiedsbrief, Endgültiges. Er sah diesen Brief förmlich als Text vor sich, höflich in der Form, überlegen, unangreifbar, als ob er tatsächlich eingetroffen wäre. Heinz hatte gezögert, wollte sich nicht mit magischer Erwartung befassen, aber manchmal wirkte sein älterer Kollege und Freund unheimlich, wie verzweifelt angetrieben, obwohl sich später vieles rational begreifen ließ. Nach der Institutssitzung, beim Bier in der Pinte, sagte er dem Freund, daß er in dieser Brief-Ahnung und der vermeintlichen Wirklichkeit nicht den masochistischen Triumph, sondern die Bedrückung herausgehört habe. Es erleichterte den Patienten, auch im privaten Bereich von sich sprechen zu können.

In einer der ersten Sitzungen hatte der Patient seinem Analytiker den Traum erzählt, in dem der schwarz-weiße Kater namens Pascal morgens überfahren und tot ausgestreckt vor dem gemeinsamen Haus lag, in dem jetzt Marianne und die Mädchen lebten. Wegen der gemeinsamen Anfangsbuchstaben und der ähnlichen Doppelsilben Pascal-Plaßmann hätten sie rasch auf Tötungswünsche gegenüber dem Analytiker schließen können; dies wissend unterließen sie es. Patient: „Ich wußte, es war ein Traum. Aber er war so bildhaft realistisch, daß ich von der Praxis aus sehr früh und mit fester Stimme Claudia, die Haushälterin, anrief, um zu hören, ob alles in Ordnung sei. Sind auch alle Katzen da? Ich war sehr befriedigt und doch auch überrascht, zu hören: Alles klar und alle da.“ Der Therapeut schwieg. „Ich habe häufig solche Träume,“ sagte der Patient und verschwieg dabei, daß das böse rote Bild des Traumes oft nicht den Tod einer Katze zeigte, sondern Bilder von menschlichen Unfällen, die Kreuzung, die sich balgenden Schulkinder an der Bushaltestelle, nur ein Stoß ...

Der Therapeut fragte nach ähnlichen Situationen und antwortete schließlich: „Ich bin beunruhigt.“

Der Patient hatte die Reichweite seiner eigenen Wörter nicht begriffen: „Es war doch nur sicherheitshalber; sonst telefoniere ich nicht. Nach diesem Anruf ging es mir entschieden besser.“

Der Analytiker richtete sich auf und sah seinem Patienten ins Auge. Ein weiterführender Therapiepakt wurde geschlossen, eine mehr kollegial beratende Haltung wäre unzureichend gewesen.

Der alte Mann war, bereits einen Schritt auf der Straße, umgestürzt, vor Alter und Schreck, lange hatte das Blaulicht des Unfallwagens seine Blitze durch die Fenster von Küche, Diele und einem der Kinderzimmer geworfen. So oft war der Patient auf gerader Straße die Anhöhe hinaufgefahren und hatte etwas auf der Fahrbahn entdeckt, das zunächst wie ein Bündel, ein weggeworfener Karton, ein dickes durchnäßtes Zeitungspaket erschien. Beim Näherkommen dann entschleierte es sich genau als das, was wahrscheinlich war. Diese Spannung, bis sich diese Wirklichkeit entwickelt hatte, wurde meist ohne Herzklopfen ertragen. Aber in anderen Stunden, in denen sich das Unglück gegen alle Vernunft eingeschlichen und ausgebreitet hatte, raste sein Herz, wenn am Straßenrand auch nur verschwommen ein unbekanntes Hindernis aufzutauchen schien. Er glaubte ein Fahrzeug erkennen zu können, das schräg auf dem Bürgersteig geparkt war, sah Menschen, gebückt oder auf den Knien, die sich eilig und ruckartig um ein Verkehrsopfer auf dem Boden bemühten. In diesen Augenblicken verengte sich die sichtbare Welt. Herz, Atmung, Muskelspannung erwarteten einen Schlag. Der Sog in das Unglück, jetzt. Und in Wirklichkeit dann war es nichts anderes als ein Fahrer, der gebeugt aus dem Reservekanister Benzin nachfüllte oder ungläubig einen platten Reifen abtastete und sein Fahrzeug hochzubocken begann.

Sofort wurde diese einzigartige, wie auf einen Brennpunkt zentrierte Welt aufgegeben, um sich wieder zu der gewohnten, angstfrei erschließbaren Wirklichkeit zu öffnen. Aber es hatte ihm den Atem verschlagen. Das Herz klopfte nach. Er erschrak vor einer zuschlagenden Tür. Er blieb in Katastrophenbereitschaft: Wenn nicht jetzt, dann später, morgen früh, morgen am Nachmittag, im nächsten Brief. Gemeinsam ist: So wird es kommen, es nähert sich, es ist da. Du bist darin gefangen. Woher die Ahnung, das Vermeintliche, das erst in der letzten Minute sich auflöst ins nur Vorgestellte, nun Nichtige?

Das Kind wird die Stimmen, die das Unglück vorhersahen, nicht erfunden haben. Er wird sie gehört haben: So schlimm wird es kommen! Vielleicht hatte es nicht genau hingehört: So schlimm wird es mit Dir kommen! Der Patient spürte, in welcher zweiten Welt er bereits lebte, der eines früheren Unglücks, eines wohl chronisch gewordenen und auch vergessenen Unglücks. Er begann zu verstehen, warum sein Analytiker gesagt hatte: „Ich bin beunruhigt." Er erlaubte sich, jetzt dorthin zu fühlen und hinzuhören, von wo ihn aus dem großen Organbereich von Nase und Mund bis hinab ans Zwerchfell auch dann Zeichen erreichten, wenn durch die erhebliche Medikation der Atemvorgang funktionsgemäß ablief. Mehrmals hatte er die Absicht, den Analytiker anzurufen und um eine höhere Stundenfrequenz zu bitten. Er wollte *Alles* erzählen, heute, sofort. Vielleicht hielt ihn die Vorstellung zurück, gerade diese Ausschüttung, dieses Erbrechen der Wörter würde ihn schwächen.

Dennoch war der Patient enttäuscht, daß der Analytiker offensichtlich seine Kinderszenen nicht hören wollte, jedenfalls nicht danach suchte. Mußte er annehmen, daß sie in der ersten langen Analyse bereits erzählt worden waren, und daß ihre Kenntnis und die Reflexion über sie offenbar nicht ausgereicht hatten, die jetzige Erkrankung zu verhindern? Wäre der Patient sonst in die Gefahr gekommen, die seit Jahrzehnten bekannten und erstarrten Mythen nur kathartisch aus sich heraus zu reden, hätte er sich vielleicht schnelle Erleichterung verschafft durch Vorwürfe gegen die Eltern, der schäbige und wiederholte Versuch einer Rache? Er war nicht so durstig nach ihr, daß er sie sich hätte gönnen müssen. Er versuchte, mit den *alten Geschichten* in sich auszuharren und aufzuspüren, wodurch sie ihn weiter ängstigten. Dies milderte sein Bedürfnis, sich und seinen Analytiker durch Reden zu überwältigen. Die Selbstanalyse begann – und, wenn man so will, dadurch die Analyse überhaupt.

Der Patient empfing Besuche am Wochenende, Herbert und Brigitte aus Köln. Richter ist er geworden, der Schulkamerad aus der Zeit des ersten Nietzsche-Lesens, jetzt in der Strafkammer tätig und dort im Gestus der Präsidialaufgaben erstarrt. Nun aber tauchte er, als ob er lange Gänge durchschritten hätte, an einem unerwarteten Ende auf, am Frankenwein süffelnd, wohlig von seiner Brigitte umgeben, die neue Freundin nach langer Ehe. Sind er und der Patient einander nahe?

Sie unternahmen einen langen Ausflug nach Weimar, zu Goethens, begingen den Garten, die winzigen Räume, das angebaute Museum, dem eine Klimaanlage fehlte, vielleicht war sie auch nur zur Reparatur ausgeschaltet. Der Patient litt nicht spürbar, sein Fühlen war allerdings verringert, die Konversation möglich und die Freundschaft willkommen.

Durch die Medikation war er tagsüber beschwerdefrei, gegen Abend sanken die Werte ab. Das leichte Rasseln, Knistern, Perlen der Luft an der aufgerauhten und schleimbesetzten inneren Haut seiner Lunge klang angenehm und durchaus lebendig; später im Bett wurde es lauter. Er hörte in sich hinein, es blieb angenehm, er in einer hörbaren Beziehung zu sich selbst, ein Singsang, der das Einschlafen erlaubte.

Die Analysanden des nächsten Wochentags wurden mit einem Hüsteln begrüßt, das sich über die erste und zweite Stunde fortsetzte. Er, nun Analytiker, entschuldigte sich, ein Überrest von einer Sommergrippe, jeder versteht es – wie lange?

6

Der Patient erzählte also sich selbst die Geschichten aus der Kindheit, die in der ersten langen Analyse – bei zwei Analytikern – sicher berichtet worden und in den Fluß des therapeutischen Sprechens gekommen waren. Ob ihr Text damals anders lautete?

Wenn sie gleichgeblieben sind, wäre es ein Hinweis auf erstarrte, undurchforscht gebliebene Gebilde, auf Narben, die sich nicht erneuern, nicht altern, dem Ich nicht beistehen für eine fließende Verwendung, auf Strikturen, die verengen, verschleimen, und den Ausatmungswiderstand des Asthma bronchiale erzeugen. Der Patient hört sich zu und sucht aus diesen Erinnerungen, was ihm Unerkanntes, Rätselhaftes, Quälendes zufließt, um es zur Analyse zu bringen. Er weiß von der Gefahr, den Analytiker logorrhöisch zu überwältigen. Sie hatten darüber gesprochen.

Der Führer schmiedet das deutsche Volk, und Sie werden doch mit einem einzigen vierjährigen Jungen fertig werden, sagte 1938 der Kinderarzt zu seiner Mutter. Gegen den Keuchhusten: Heiß baden, bis die Haut rot wird, im warmen Raum sofort und kräftig abreiben, im vorgewärmten Bett schwitzen lassen, die Decke unbedingt über den Schultern einschlagen; aufpassen, daß er sich nirgends freistrampelt. Danach erneut trockenreiben, frische Bettwäsche, weiter zugedeckt halten, sonst ist es umsonst. Zweimal wöchentlich, bis der Husten sich löst.

„Aber das läßt er nicht mit sich machen."

„Ich habe Ihnen gesagt, zäh, hart und flink, wie der Führer sagt." Also der Kampf in der verzinkten Wanne im Wohnzimmer, da Bad und Schlafzimmer nicht geheizt werden konnten. Viele Vorbereitungen, die das Kind argwöhnisch verfolgt. Gestapelte Handtücher, Laken, ein Fläschchen mit Einreibemittel: Pinimenthol. Die Sätze des Arztes hörte sie wohl, der Ehemann kommt am Abend, wird kurz fragen, sich nicht weiter interessieren. Der Arzt ist gegangen, sie ist allein in der 3-Zimmer-Wohnung. Ihr klopft das Herz wie schon Stunden zuvor. Aber einmal begonnen, beschleunigt sie ihr Handeln, gewinnt Kraft.

Sie bekommt ihn nicht freiwillig in die Wanne. – Zu heiß. – Ein paar Tropfen kaltes Wasser, das sie aus der Küche holen muß. Sie sagt ihm noch einmal, zum wievielten Male?, daß die Hand nicht verbrennt; zum Beweis wedelt sie mit ihrer Hand, die rot anläuft, im

Wasser. Siehst Du, es ist nicht zu heiß. Doch zu heiß. Nein. Komm her. Nein. Das nackte Kind rennt um den ovalen Wohnzimmertisch. Sie fängt ihn. Da er strampelt, versucht sie, ihn wie ein Bündel zu pressen und ihn mit dem Rücken zuerst einzutauchen. Er bäumt sich, Wasser platscht auf das daruntergelegte Wachstuch, spritzt bis auf den Teppich. Er schreit, die Mutter drückt ihn an der Brust hinab, er gewinnt Halt am inneren Rand, stürzt die Wanne? Du mußt. Das Wasser kühlt aus. Sonst ist es umsonst. Sie drückt ihn wieder hinab – dann also abreiben, schnell, damit er sich nicht erkältet. Es tut weh. Das macht doch nichts. Aber wirklich. Nein. Laß mich. Nein.

Ins vorbereitete Bett: Der Hügel von Decken und Federbetten, die Angst vor dem Ersticken, und noch einmal der Einsatz aller seiner muskulären Kräfte. Treten, Trampeln, Wegtreten. Jetzt muß sie mit roher Gewalt arbeiten, sonst ist alles umsonst und er erkältet sich wieder. Ihr Bruder starb an Tuberkulose, kaum achtzehnjährig, die Schwester des Ehemannes ist schwer asthmakrank, ein Neffe auch. Es muß sein. Sie werden doch mit einem einzigen Kind fertig werden.

Sie verkeilt die Enden der Laken zwischen Matratze und hölzernen Bettwänden. Er zuckt, will heraus, aber es ist zu schwer, auch liegt ihr Gewicht jetzt überall auf ihm, der Fuß kann sich nicht losstrampeln. Die Last auf dem Spann, der wie von einem eisernen Reifen festgeschnallt ist. Die Panik, nach dem letzten Ausatmen nie wieder Luft zu bekommen. Husten, Schreien. Der letzte Versuch, eine Bitte, die in all ihrer Wut nicht sichtbar werden kann, obwohl er es sagt, flehentlich, zwischen gewürgtem Schreien: die Schultern bloß lassen, nur dort, oben, bitte nur oben, am Hals. Aber gerade das darf nicht sein, niederdrücken, die Decke mit festem Zug am oberen Ende unter der Matratze einschlagen. Auch die Hände. Es muß sein. – Nein. – Doch. – Nein. – Ihr Oberkörper nun über der Brust des sich windenden Kindes. Eine Schulter wenigstens, eine Hand oben lassen. Sie gewährt es nicht, aber sie läßt diese eine Hand seitlich draußen auf der Bettdecke. Diese Hand – ihr bitterer Blick auf die Niederlage. Ihre Verzweiflung im starren Auge – sonst ist es umsonst.

Viele Jahre später: Du hattest zweimal Keuchhusten. – Das gibt es nicht. – Bei Dir doch. Außerdem warst Du immer erkältet. – Alle Kinder sind immer erkältet. – Aber bei Dir war es schlimmer. Ich bin mit Dir in das Gaswerk gegangen, das sollte guttun. – Ja, das erinnere ich. – Der riesige dampfende Kokshaufen unter hohem Gewölbe, an dessen Rand er geführt wurde. Sehr einsam und unheimlich, ein kleines blasses Mädchen war da, auch eine Mutter, und ebenfalls stumm wie sie beide. Atmen sollst Du, tief atmen, nicht sprechen. – Auch an das Rotlicht für die Brust erinnert er sich. – Du hast immer schlecht gegessen. Du warst ganz dünn. Es gab auch die Hände einer anderen Frau, die sich fest um seine Oberarme schlossen und ihn in die richtige Richtung zur Lampe drückten, ihn hielten, als wollten sie unauslöschbare Abdrücke auf ihm hinterlassen.

Er schwitzt. Sie schwitzt. Sie bewacht ihn. Die Erschöpfung, die Lähmung, jetzt das Ersticken? – Ist es fertig? Wann? – Noch zwanzig Minuten.

Kein Vater, keine andere Frau, keine Geschwister, kein erreichbarer Mensch.

„Das bildest Du Dir alles nur ein,“ sagte sie später. – Sicher.

So erzählte er sich die Sache vom Keuchhusten. Wäre aber eine andere Sprache notwendig, wenn man das Erleben des Kindes einfangen, wiederherstellen wollte? Lautete sie so: Da kommt die riesige, rohe, rote Hand der Mutter. Sie will mich verbrühen. Sie will mich untertauchen, tot tauchen, ich trete sie in den Bauch, ich trete die Wanne um, ich halte mich am äußeren Griff, aber meine Kraft reicht nicht, ich ersticke ...?

Niemand erfindet seine Traumen out of thin air. Warum siegte nicht die Vernunft, wenigstens in der Erinnerung, denn das Kind verbrühte nicht, erstickte nicht, der Husten löste sich. Aber wie kann die Vernunft siegen, wenn das Kind sah, wie die Hand der

Mutter aufquoll, rot und roh wurde, während sie dabei sagte: Siehst Du, mir macht es nichts aus? Diese Hand aber beweist dem Kind, daß es verbrüht, geschunden, erstickt wird. Die unter dem eingezwängten Bettuch gepreßten Schultern, die unter eisernen Reifen gefesselten Füße. Ob es Wörter sind, Erinnerungszeichen oder psychische Bereitstellungen, die sich bei gegebenem Anlaß wieder in die Szene zurückentwickeln, Macht gewinnen und Gewalt auslösen, bleibt unentschieden. Zur Gewißheit: Seit Marcel Proust gibt es den *Geruch der Madeleines*, uns allen zur Erinnerung, in den Literaturhimmel aufgestiegen, von welchem Ort aus sie ewig noch ein wenig duften ...

7

In diesen Wochen hörte er sich selbst gerne zu, wie das mühelose Atmen, das Giemen, das Pfeifen, dieses bläschenförmig platzende Geräusch in ihm entstand, aus ihm kam, ein narzißtisches Erlebnis, das niemand ihm streitig machte. Auch das morgendliche Räuspern der belegten Stimmbänder war zunächst angenehm, Zeichen eines lebendigen Vorgangs, den er sich leistete. Später, als der Belag trotz der gezielten kleinen Hustenstöße nicht weggewischt werden konnte, fühlte er sich gequält, dann machtlos. Er gab auf sich acht, ging früh zu Bett, schlief auf der einen oder der anderen Schulter, damit die Atmung nicht behindert würde.

Im Fachbuch las er über die Nebenwirkungen des Cortisons an den Stimmbändern, die bei der Inhalation den noch konzentrierten Stoß aus der Spraydose empfingen. Unwillig las er von den notwendig werdenden Hygieneregeln, dem Gurgeln und dem Einatmen besänftigender Dämpfe.

Die frühen Erinnerungen an den Vater sind Töne, bestehen aus Befehlen, die wie ein Knall alle anderen szenischen Begebenheiten nahezu ausgelöscht haben: Pfoten weg! Weg mit den Pfoten! Diese verursachten Fingerabdrücke auf der Scheibe und auf dem schwarzlackierten Armaturenblech des Opels P4. Das Kind, sicher sauber gehalten, *schmiert mit den Pfoten*. In dieses *Schmieren* wurde ein besonderer Klang von Ekel und Verachtung ausgebreitet, so daß das Kind über die ganze Schulzeit keine geschmierten Butterbrote aß. Wohl nahm es trockenes Brot zu sich oder üppig belegte, mit Butterscheiben sozusagen, daß es für die Mutter an Sünde grenzte. Klagend hatte sie dem Adoleszenten mitgeteilt, wie ihr Mann mit ihr umgegangen war: Da hast Du Deinen Wagen – er meinte den Kinderwagen – ich habe meinen.

Später: Kein Widerwort! Wieviele heitere, schwatzhafte, bockige und rechthaberische Worte des Kindes waren dem vorangegangen? An diese jedoch erinnert es sich nicht. Jedoch daran, daß es danach wirklich kein Wort gab. Auch keine Schläge, natürlich, weil nichts als eine lange Sprachlosigkeit herrschte. Aber darin wohl ein Widerhall, dieses Widerwort, das in dem Knaben zerplatzte, in Splittern durch seine Organe fuhr, bis sie, lange später, in unsichtbaren kleinen Widerhaken in seinen Bronchiolen saßen. Wie kann die innere Zersplitterung eines Wortes soviel Energie entfalten, daß sie nach fünfzig Jahren noch gehört wird? Des Vaters Großzügigkeit, dem Sohn die ersten großen Reisen und ein ganzes Studium zu bezahlen, wirkte im Nachhall wie das Geräusch hell klingender Münzen, unverwechselbar und befreiend.

Später, der Vollständigkeit halber: Wenn Du ..., – dann ist das Tischtuch zwischen uns zerrissen. Immerhin Sätze. Das Tischtuch hielt, weil der Sohn aufgab. Spürte er danach, wie es ihn jedesmal zurückschleuderte gegen die Stuhllehne, wenn der Vater beidarmig Raum brauchte, um die angedrohte Zerstörung auszuführen? Hörte der Sohn bereits, wie das Gewebe ratschend riß?

Danach das Schweigen, die hängenden Schultern am Mittagstisch. Sitz gerade! Hatten den Knaben die unausgesprochenen Widerwörter herabgezogen, hatte er dieses Böse bei sich behalten und erklärt: Ich bin so schlecht, daß ich jetzt krumm sitze? Aber andere, so dachte er heute, werden von dem Bann nicht ergriffen, wehren sich auf das Erbittertste, ihre Widerworte sammeln sich zu einer alles überspülenden Woge. Als Erwachsener, als Jugendlicher schon, als Kind gar, hat er seine Widerworte nur geschrieben.

Dennoch mußte etwas in ihm geschehen sein, hatte das Kind eine Waffe geschmiedet, ein Gegenwort, das ebenso verletzen konnte, wie das knallende Verbot seines Vaters. Lange hatte es wohl beobachtet, welches der schwächste Bereich eines anderen Menschen war und konnte mit einer einzigen Bemerkung, jenseits der Sinnzusammenhänge und des sozialen Anstands derart zuschlagen, daß dieser andere ohne Gegenwehr blieb. Noch nicht in der Schule, rechnete es Frau Kroke, einer ausgemergelten armen Frau die Zahl der Brötchen nach, die sie morgens verzehrte, während seine Mutter Einkäufe machte. Unter hilflosen Tränen verließ sie ihre Anstellung. Die Vorwürfe seiner Mutter ließen ihn kalt.

Jetzt erlaubte er sich, das Privileg des Patienten genießend, der sich innerhalb des geschützten therapeutischen Rahmens furchtloser weiß und weniger in Gefahr ist, Vorstellungen sofort in Handlungen umzusetzen, darüber nachzudenken, wie leicht er durch einen einzigen Telefonanruf sein Unglück vergrößern könnte. Wie er durch bösartig gezielte Sätze sich in seinem Scheidungsprozeß vor Ehefrau und Kindern in einen Unhold verwandeln, seine tiefgeliebte Freundin verletzen, wie er im Institut nach einer monströsen Behauptung sich nicht mehr sehen lassen – und in der Professorenkonferenz nur mitleidiges Kopfschütteln erzeugen könnte. Er hätte sie alle bitter beleidigt und zur Rache gereizt – der Kreislauf zerstörerischer Aggression. Aber alle Tischtücher blieben gespannt. Er hatte Lust, horribile dictu, sie alle zu zerreißen, alle an einem Tag. Dabei glaubte er nicht einmal an den Phönix aus der Asche.

„Meinen frühen Vater gab es nicht“, sagte der Patient. „Meine Mutter hatte den tiefsten Wunsch, ein krankes Kind zu haben. Dann würde sie es ewig behalten.“ „Diesen Gefallen werde ich ihr nicht tun,“ setzt er erbittert nach.

Der Analytiker: „Dann blieben Sie immer auf Ihre Mutter bezogen – mit ihr oder gegen sie. Wie sehr brauchen Sie Ihre Mutter?"

Der Patient ahnte, daß es die unendliche und auch die erlösende Arbeit sei, den Wunsch der Mutter, der ein unauflösliches Vermächtnis sein sollte, weder anzunehmen noch zu verweigern.

„Wer sind *Sie*? Was wollen *Sie*?" wird sein Analytiker geäußert haben, sehr ruhig, ohne die harte Anspannung seines Patienten übernommen zu haben, dessen Atmungsröhren künstlich offengestellt und in unphysiologischer Normalität verharrten.

8

Es gibt die Erinnerung an eine nicht einmal sehr alte Frau, Babette, die Großmutter mütterlicherseits. Nach langen Stunden der Hilfe in der Küche des Gasthofes und bei der Bedienung der Gäste aßen sie alle gemeinsam: Mit Ehemann Carl, der dünn und einen halben Kopf kleiner war als sie, mit Tochter und Schwiegersohn, dem Ingenieur, der nach einiger Zeit der Arbeitslosigkeit seine erste Stelle in Karlsruhe hatte, und mit dem im übrigen einzigen Enkel, auch einer halbseitig gelähmten Tochter, die allenfalls beim Einsetzen von Bestecken in die dazugehörigen Kästen mithalf. Als alle im Sattwerden begriffen, still wurden, sagte Babette leise und mit einem tiefen Seufzer der Erleichterung und Ergebung: „Jetzt hat die arme Seele Ruh'."

Ob der Enkel so lange mit dem Küchenstuhl gekippelt hatte, bis der in den geleimten Fugen krachte, bis seine Teile sich angenehm gefährlich gegeneinander zu verschieben begannen, oder bis er beinahe oder wirklich nach hinten gekippt war, der Stuhl zerbrochen und der Knabe nun endlich überrascht und angstvoll das Spiel beendet hatte?

Ob es das Quälen der Tante war, sie an ihrem gelähmten, auf der Lehne des Stuhls liegenden Arm solange zu kitzeln, bis sie, ein immer wiederholbares Wunder, mit diesem sonst toten Arm plötzlich nach ihm schlagen konnte, blitzschnell, als hätte sie das ständig geübt?

Wieviele fruchtlose Ermahnungen! Die Ameisenstraße schließlich am Weg zum Steinbruch, wo man von oben auf das große Wirtshaus und seinen Biergarten hinabsehen konnte, dieser Enkel, der nichts anderes konnte, als dort den Waldboden zu zertrampeln, mit einem Fuß, mit beiden Füßen, ein wütender Wicht, an dem die Mutter verzweifelte. Wie oft hatte sie es ihm gesagt! Er erinnerte die zuckenden, in ihrer Zertretenheit eingekrümmten Leiber, die schwarzen Flecken der Toten und war ganz außer sich, daß inzwischen andere herausgekrabbelt waren und ihren Weg fortsetzten, unbeeindruckt von der Gewalt seiner bleichen dünnen Waden. Schläge? Gekeif? Tränen?

Die Unfähigkeit der Wörter, eine Begrenzung anzugeben. Sie vermitteln kein Wissen um die Größe des Unglücks und das Ausmaß der Bestrafung. Nichts war zu klären und zu bezwingen; es lief ab in ihm und um ihn, löste sich erst in der Erschöpfung.

Heilsam waren die langen Begleitungen, wenn Großvater Carl den Knaben zu Bestellungen in eines der Dörfer Blankenburg, Böllenborn, Birkenhördt mitnahm, die er in militärischem Schritt erreichte, als die privaten Telephonleitungen wegen des Sperrgebiets *Westwall* nicht benutzt werden durften. Er redete mit dem Jungen, der mit den energischen und schnellen Schritten des kleinen kahlen Mannes nur trippelnd mithalten konnte, pries den Wald als *Dom der Dome* und lockte auf dem Rückweg, oft ins Dunkle und unbestimmt Raschelnde hinein, die Katze, die ihnen entgegengekommen war oder im Wald streunte und sich auf der Schulter für länger als eine halbe Stunde nach Hause tragen ließ.

Jahre später, unmittelbar nach Kriegsende, tauchten Bilder auf, Briefmarken, die er sammelte, französische Besatzungszone, Marschall Ney über einer Mosellandschaft, Heraldik mit Vögeln, Äxten und krallenbesetzten Löwen, wie aus schwarzer Pappe geschnitten.

Dann wundersam filigrane Libellen aus der Schweiz, ein Satz zu vier Stück, pro Juventute. Aus Niger ein brauner Urwaldfluß und das Profil einer nackten Negerin, aufrecht den flachen Korb auf dem Kopf, gebannt, wie auf ewig den Strom hinabsehend. Dieses Wandern in Landschaften und in den unverstehbaren Zeichen der Wappenschilder, die Bilder der Porta Nigra und des Kölner Doms verlangsamten den Herzschlag, lösten Spannung, erlaubten ihm, sich zu setzen und zu sehen, auszuatmen und zu bestehen. Sie wärmten ihn von außen bis nach innen, ein Strom von Bildern aus winzigen Papieren. Eines Sonntagnachmittags stahl der böse Knabe seinem Mitschüler, oder genauer, denn er besaß keinen Freund, dem Kerl, der auch sammelte, die besten Stücke. Noch am Abend kam dessen Mutter vom Dorf, in das sie evakuiert worden waren, hinauf zu seiner Mutter, und sie fanden die Briefmarken, die unverfroren in seinem Album steckten. Wie konntest Du nur!? Luftanhalten, Blicke der Vernichtung ringsum.

Auf der Rückfahrt von der Analyse begrüßte er den dichter werdenden Verkehr und den aufkommenden Stau wie einen ersehnten Wetterwechsel. Er erinnerte sich an die seltsamen Zustände von paradoxer Freiheit, in einem bereits auf das Vorfeld der Rollbahn gelangten Flugzeug zu sitzen, prall von Menschen und Benzin. Wie zitternd steht es da, schleppend und in den Tragflächen bebend schiebt es sich meterweise vorwärts, die Frischluft fauchend auf höchster Stufe. Kein Telefon, der Nachbar zur linken wird ihm fremd, entfernt sich, die Scheibe zur rechten gibt einen Blick auf Tragfläche und Betonpiste preis. Keine aufgeschlagene Lektüre, obwohl das Buch im Netz des Vordersitzes klebt, keine Notizen, das Glück der Unerreichbarkeit. Ob er von diesem uteralen Zischen, Beben, Schwirren, Hallen, von dem gedämpften Schütteln, der Enge dieser späten Ummantelung getragen, gehört, ernährt wird? Verschmilzt sein Körper mit dem größeren Organismus des Flugkörpers? Im Flughafen Sydney, zu früh angekommen, saß er am Ende eines langen Ganges vor einer hohen Wand aus Glasscheiben in windstill gekühlter Luft und untätig. In dieser Isolierung führte er das anstehende, entscheidende Gespräch mit dem Professor in Adelaide, der von der Einwanderungsbehörde als Gutachter in medizinischen Sonderfragen bestallt war, wie im voraus, ruhig und perfekt. In der Gastwirtschaft seiner Großeltern wollte der Elfjährige in den schmalen gekachelten Räumen einstiger Toiletten, deren Schüsseln und Waschbecken der Plünderung anheim gefallen waren, eine Burg einrichten, ein vielzimmeriges Verlies. Er dachte sich die drei Täler, die in den Pfälzerwald hineinliefen und in den drei genannten Dörfern endeten, als sein Besitztum aus, hockte auf den Deckbrettern eines hohen Schrankes, den er über den vorspringenden Stummel der einstigen Wasserspülung und einem Fenstersims erklettert hatte.

9

In der Therapiestunde hatte er von den Vorwürfen geredet, die sich in ihm einstellten, alle von Frauen gesprochen. Er kannte sie, es war ihm nicht gelungen, sie abzuschütteln, sie verwiesen auf seine Bereitschaft, sie aufzusaugen und sie eher zu wiederholen als zu ändern.

Seine Art, bei geselligen Zusammenkünften in zerrende und zänkische Rederei auszubrechen. Reichlicher Rotwein dabei; noch fand er Zuhörer, Erschrockene und Einmalbegeisterte. Oder er schwieg: Verdrossenheit bescheinigte ihm eine andere, die ihm ebenfalls gut wollte. Andere verfolgten dann seine erbitterte und redselige Niedergeschlagenheit, ließen sich anstecken, bestätigten und verstummten. Dann gelangte er in ein weltgeschichtliches Jammern, packte die großen Themen über abgegessenen Tischen an, grub sich in Katastrophengeschichten aus Politik und Wirtschaft. „Dein entzündetes Bewußtsein“, hatte nach langen Ehejahren seine Frau Marianne formuliert, während der anderen Frau, Lea, allmählich und viel später bewußt wurde, daß „Unbekömmliches“ auf sie einwirkte. Seine Fähigkeit, innere Spannungen nach außen zu formulieren, eine Art rücksichtsloser Durchlässigkeit seiner auftauchenden, sich übereinandertürmenden Affekte, das Folantin-Syndrom, wie Lea es benannt und er es gehört und aufgenommen hatte.

Jüngere Frauen spürten seine unersättlichen Erlösungswünsche. Höre meine Rätsel, löse sie und rette mich. Darin aber unüberhörbar die Drohung: Meine Rätsel sind nicht zu lösen. Rette mich trotzdem!

Nach einem langen Wochenende in Hamburg, mit Gästen und Gesprächen, mit Reichhaltigkeiten an Genuß und Geist telefonierte er am Montagfrüh mit Lea und sprach wieder von seiner Dünnhäutigkeit, als ob ihn die Tapeten seiner Wohnungs- und Praxiswände, die verputzten Räume der Hochschule und die Betonwände der neugebauten Klinik, in der er Fortbildungen gab, wund rieben, eine unverständliche Klage.

Viel ist ihm nicht genug.

Genug ist ihm nicht genug.

Seinem großen Analytiker gegenüber wollte der Patient nicht jammern. Frauensache, Müttersache, dachte er auf dem Hinweg. Er brachte sich seinen Wunsch nach Vielrednerei vor Augen, auch die Vorstellung, wie er dadurch den anderen verlöre, schließlich einsam dahockte in seinem aufgeplusterten Ich. Er wollte nicht klagen, weil er wußte, daß er gegen die Außenwelt nichts zu klagen hatte. Er versuchte, sich einzuziehen, obwohl er sich vergrößern wollte – mit der Folge, daß er schwieg.

Müdigkeit überkam ihn. Die bleierne Schwere der Lider, das Versinken auf harten Stühlen, der Wunsch, zu liegen, sich einzudrücken, zu sinken.

Er spürte Gewichte. Er atmete gegen Gewichte an.

Er wollte das nicht ausbreiten, seine chronische Müdigkeit. Es wäre ein anderes Klagen. Er spürte, als er dennoch sprach, darin die tiefere Klage. Mußte das sein? Wozu Narben aufreißen? Im chirurgischen Jargon heißt es optimistisch: Wundränder auffrischen.

Es hatte nach der Geburt der Mädchen begonnen. Sein Verlangen, sich nach dem Mittagessen eine Stunde auszuruhen. Die Ehefrau im Dienst, die portugiesische Haushälterin Maria hoch aus den Bergen über Porto, die den Haushalt versorgte, das Baby trug, bis es schlief, und er, mit Gesine befaßt, bald wird sie zwei Jahre alt und zwischen Krabbeln und plötzlichem zweibeinigem, stampfendem, rasenden Spurt überall sein. War überall, fiel überall. Niedlich war sie, ihrem Vater auf der Spur. Munter lag sie mit ihm oben auf dem breiten Bett. Sowie er sich einrollte, umdrehte und das Bewegungsspiel seines Körpers nachließ, erhöhte sie ihre Wachheit, überkam sie der Spielwunsch. Natürlich glitt sie von der Bettkante, rutschte die mit Teppich bezogene Wendeltreppe hinauf und hinab. Ein hölzernes Scherengitter schützte sie vor der breiten Treppe und dem Sturz in das Parterre. Trotzdem verblieb er in Spannung und übertriebener Vorsicht: Gesine, sein Kind, begleitete ihn mit den Tönen des Erfolgs (eine Stufe geschafft), der Überraschung (da rutscht man ja), der Ratlosigkeit (wo bin ich gelandet?), des Erschreckens und Weinens (diese böse Kante, die mich schlägt) und hielt ihn wach. Schließlich nahm er sie mit nach unten, Franziska, das Baby schlief, Maria war gegangen, er legte sich mit einem schmalen Kissen auf den Teppich. Überall um ihn nun Fläche, Spielzeug, gefahrlose Ebene. Gesine blieb bei ihm, krabbelte um ihn, beschäftigte sich, fand es dann am interessantesten, auf seinen Kopf zu kriechen, balancierte oben – und fiel dumpf neben sein Ohr. Vom schrillen Schrei getroffen richtete er sich aus dem Sog des Einschlafenwollens aufwärts, wandte sich ihr zu. Ohne Vorwurf, wie er meinte, stumm, vermutlich mit dem bösen Blick.

Er konnte es nicht besser organisieren.

So überwältigte es ihn oft: Eingewoben in ein Hinabsinken, alles zum Erdmittelpunkt ausgerichtet, das Gewicht der Augenlider, der Schultern, der Knie. In der Therapie wurde ihm bewußt, was er doch weiß, nicht vergessen haben konnte und dennoch nicht mehr beachtet hat, daß er bereits vor zwei Jahren internistisch wegen dieser Müdigkeit untersucht worden war. Zuviel Alkohol? Zu geringer

Blutdruck? Zu hohe Cholesterine? Ein chronischer Infekt? Kein Befund. Professor Pottvogel jedoch: „Sie spüren nicht, wenn sich das Atemvolumen verringert."

Keine deutlich pathologischen Werte. Die Gegenmaßnahmen ohne Erfolg. Blutdrucksteigernde Mittel brachten das Herz zum Klopfen und lieferten eine übermäßige Diurese; der Heim-Impander, zwei verbundene starre Drähte zum Ineinanderdrücken zwischen zwei Analysestunden auf dem Balkon eingesetzt, ließ matte Arme zurück. Er reduzierte den Alkohol, aß abends weniger, ohne sichtbare Wirkung. Allein das Dauerlaufen im Wald, nach der Qual des Umziehens und der ersten fünfhundert Schritte brachte danach überraschende Leichtigkeit, Wachheit, Zeit für die Arbeit.

Oder ist das alles nur Feigheit und Empfindlichkeit? Er ging zu seinem Zahnarzt, der sich beim Nachlassen der lokalen Anästhesie unter einer verbalen Kurzäußerung: „Das haben wir gleich" mit dem Bauch über seinen Bauch gelegt und in stummer Gewalt, Körper gegen Körper, sein bohrendes Geschäft zu Ende verrichtet hatte. So war er nun einmal. Sportlicher Typ, auch in der Kammer tätig, erfahren, so daß er ihm glauben mußte: „Das kann Ihnen nicht wehtun." Der Patient kaufte sich hundert Meter weiter in der Apotheke rezeptfreie Schmerzmittel, gegen das, was ihm nicht wehtat. Später drückte eine Helferin ihm nach einem anderen kleinen Eingriff einen Streifen Tabletten in die Hand, scharfe Kanten vom Schnitt der Schere, Dolomo, für den Tag, für die Nacht. Er redete darüber nicht einmal mit seinem besten Freund, Heinz; berichtete aber den Hochschulstudenten im kleineren Seminar, er habe Zahnschmerzen. Zwar erwähnte er, daß seine Metaphern sich wahrscheinlich unbeabsichtigt um dieses Zahnreißen herum ausrichten würden, was die Studenten zu beobachten hätten, nach der Veranstaltung aber ging er nach Hause als wäre sonst nichts. Auch Frau Bielitzer, die Sekretärin, wurde von seiner Plage verbal unterrichtet, ohne daß er gewünscht hätte, eine Antwort zu bekommen.

Jetzt erwog er die Hypothese, ob die Müdigkeit, über die medizinisch nur die Formel: Sie haben nichts! zu bekommen war, nicht aus einer Verringerung des Atemvolumens herrührte, eine mechanische Ursache. Er würde sich genauer beobachten müssen.

10

Inzwischen sammelte der Patient Repräsentanzen seiner Lungenwelt. Er räumte Drucksachen auf, schrieb längst überfällige Briefe, las Manuskriptseiten und kopierte Zirkulare, erstellte Kurzgutachten, ordnete Sonderdrucke, diktierte Dienstpost und warf Steuerbelege in die dafür vorgesehene eckige Dose aus Blech. Indem er so einen Hohl*raum* und mehrere Frei*räume* schuf, die für die Zukunft bereitstanden, spürte er, wie diese *Leere* ihm erlaubte, sie nach seiner Regie zu füllen.

Nach einem Lauf über die Höhenzüge des Herkules-Waldes fühlte er sich frisch, als habe er die beiden anschließenden Stunden, einen weiteren Zeit*raum* gewonnen. Er wollte ihn sofort ausgeben, in Arbeit umsetzen. Er versuchte dagegen, ihn sich vorzubehalten. Deutlich nahm er wahr, wie er sich Pflichten erfinden, sich an sie ketten wollte, zu Hause lagerten sie in reichlicher Menge und boten die Erlaubnis, anschließend zu klagen.

Vermutlich wird der Patient das Maß an Gesundheit, das er sich wünscht, nicht mehr erreichen. Er überlegt, wie es ist, für die nächste Zeit chronisch krank zu sein, er empfindet es wie ein Hinken, das er sich leisten kann. Er wird die analytische Therapie weiterführen, sich später einen Menschen suchen, eine Physiotherapeutin, eine junge Frau als Atemhilfe, die ihm eine leichte feuchte Hand flach auf Brust und Rücken legt, gegen deren Finger und Ballen er anzuatmen hat, eine wöchentliche Zärtlichkeit, die genügen muß. Vielleicht genest er unter den Händen einer sehr jungen Mutter, die seinen Körper trägt, wie in der Wiege schaukelt, nicht niederdrücken muß in zu heißes Wasser. Inzwischen arbeitete er jedoch weiter, das Hochschulpensum und die Lehranalysen, zog sich nur wenig aus sozialen Verpflichtungen zurück, las, nahm Spray und

Tabletten und füllte alle vier Stunden seine Atemvolumenkurve auf Millimeterpapier aus. Er hatte beide Bände von Ilse Middendorf gekauft: *Der Erfahrbare Atem.* Er studierte eingehend das in zarten Farben gehaltene ausfaltbare Mandala, das sich mit Atemräumen und Atemvermögen, mit Durchlässigkeiten, mit Bewegung und Stillstand befaßt, übte Leiberfahrung auf dem Hocker, spürte durch Handauflegen, wenn auch sehr undeutlich, das anwachsende Volumen, den schwebenden oder versteiften Stillstand, gewann Wahrnehmung für die äußersten Lungenspitzen unter dem Schlüsselbein oder die tief in den Bauchraum fortgeführte Bewegung. Um besser wach werden zu können, spreizte er im Bett die gestreckten Arme maximal über dem Kopf, im Bad rasierte er sich auf bebenden Fußspitzen, ohne sich zu verletzen.

Immer wieder hörte er befriedigt auf das leicht perlende Rasseln in seinen Bronchiolen, spürte, wie die Luft bis auf die kleinen Wirbel an und unter den Verschleimungen mühelos in die Lunge einströmte und ihr entwich. Das Rasseln war ein Hinweis auf das Leben, dessen Stillstand er fürchtete. Er beobachtete, daß er keine Atempause zwischen Einatmen und Ausatmen besaß, diese dem Selbst verfügbare Stille. Wenn er sie absichtlich erzeugen wollte, spürte er darin die Erinnerung an die stumme, würgende Verringerung der Bewegungen der Brust, wenn sich die Hals- und Rippenmuskeln gegen die erschwerte Öffnung anstrengten und verkrampften, ohne daß er ihnen durch Kraft oder Ablenkung zu Hilfe kommen konnte. Die Medikation hatte ihn aus dieser Qual entlassen. Sie hatte erlaubt, sich ihm selbst als Selbst-Objekt zuzuwenden, einem Geräuschzipfel anstelle Schmusetuch oder Schnuller, eine narzißtische Wahrnehmung und Befriedigung, ein Onanieäquivalent, ein Trost.

11

Die Analysestunden dieser Monate wurden mehr und mehr gekennzeichnet vom drängenden Sprechen des Patienten, eine szenische Flut. Der Analytiker hörte in seiner eigentümlichen gespannten, dabei gewährenden Wachheit, sein gesprochenes und unausgesprochenes: „Bitte sprechen Sie", das dem Patienten eine Erlaubnis gab, die er sich selbst versagte und erst gegen ein Verbot in sich durchsetzen mußte. Häufig ergänzte der Patient seine Wörter, indem er anschließend oder in den folgenden Tagen das so Vorhandene ins Tagebuch erweiterte und seine Reflexion eher im geschützten Bereich des Schreibtisches als in der Präsenz des Analytikers vollzog.

Die zehnjährigen Mädchen, der Spaghettimangel. Mit dem noppenbesetzten, bürstenartigen Aufnehmer, dänisches Holzprodukt, fuhr Gesine in den gekochten Knäuel der Teigwaren und hebelte in erforderlich hohem Bogen gleich die ganze Masse auf ihren Teller. Franziska schrie auf, die Gabel spitz in der Luft, um dort abzufangen und abzustechen, wegzuwickeln, bis das gezerrte Knäuel quer über Teller, Tisch und Topf lag. Haushälterin und Vater in stummer Erwartung vor ihrem leeren Geschirr. Harmloser Spaß. Der nächste Topf Wasser wurde sofort angesetzt, heute bestand wirklich Ansturm auf pasta asciutta. Die Soße zurück in die Mikrowelle – der bereits erwähnte knäulige Fladen mit Messern zerteilt und als Vorspeise verschlungen. Dabei aber provozierte die Zweite, keifte die Erste, und unter lutschendem, saugendem Verzehr des Nahrungsmittels wurde die große Wäsche gewaschen: Immer nur Du. – Du willst alles, Giermaul. – Mit mir nicht, alte Wutz. – Drecksau. – Gestern hast Du mein Halstuch genommen. – Du hast die Pferdedecke in den Matsch fallen lassen. – Du fragst nie. – Ich mache, was ich will.

Es hörte nicht auf. Sonja, die Dritte, und Mitschülerin, als Gast immer erwünscht, doch jetzt völlig vergessen, war erschrocken, machte sich abwesend, lauschte mucksmäuschenstill und sog voller Gier, wie es schien, alle diese Wörter in sich ein.

Natürlich ist das so, hatte ihm Marianne gesagt, es für normal erklärt und ihm Überempfindlichkeit bescheinigt, unfähig zu Entscheidungen eines Vaters, der sein Donnerwetter und „Am Tisch herrscht Ruhe!“ hätte erklären sollen.

Jedenfalls kein Unglück, vielleicht familienüblich, doch für ihn wie ein Erstarren in einem doch bewegten lebend-bebenden Raum mit Tisch, dampfender Nahrung, Trinken, lautem gesunden Mädchen-Geschnatter, einer portugiesischen Haushälterin und ihm selbst, wie ein Sturz vom Gerede ins Gezänk, vom Zank in die Bitternis der Vorwürfe, von dort in einen Abgrund haßerfüllter Vernichtung, wie er fürchtete.

Haben Marianne und er das den Kindern vorgelebt? Ist es des Vaters böses Blut, das dort zischt? Sicher wollte er eingreifen, schlichten, entscheiden, hatte aber nach der dritten Runde bereits aufgegeben, war verstummt. Bemerkten die Mädchen überhaupt sein gequältes, flackerndes Gesicht, sein Ansichhalten von einem jähen Ausbruch der Wut, die dann tränendurchsetzt in ein emotionales Chaos entgleiste? War er ihnen Luft, ein Nichts?

Die Selbstbezichtigung ergriff ihn, machte ihn starr, ließ den Atem anhalten. Sich mehr um die Töchter kümmern, ohne Angebote, wie man so sagt, ohne bereits schuldhaft ausgesprochene psychische Geschenke, die, weil nicht angenommen, sein Nörgeln auslösten. Sicher versuchte er, den schleichenden Zusammenbruch seiner Sublimation aufzuhalten. Gewiß: normale Kinder und eine Ehefrau, deren Maßstäbe zunehmend antiregressiv ausgerichtet wurden und ihm auferlegten, sich mehr zu beherrschen. Gewiß hatte er Ideale. Gewährend und herzlich sein, bemannt in sich selbst, wenn es Streit gäbe, dessen Wellen sich kindhaft rasch beruhigen würden. Aber er besaß keine anderen Bilder als die seiner Kindheit, Einzelkind, man redet nicht beim Essen, sitzt gerade, und wenn in diesem schweigenden Verzehr irgendetwas aufgetaucht war, das zu einem Wort hätte führen können, hatte er gewußt, was das hieße: kein Widerwort! Die Störung im Hals, seine bösen Widerwörter, die sich aus den Stimmbändern nach außen platzend drängten und gleichzeitig das Schlucken der Nahrung, Luft- und Speiseröhre in ihrer getrennten Funktion: „Verschluck' Dich nicht!"

Warum vergaß er so leicht, daß die beiden Mädchen nicht lange Zeit später, Waldorfschulen-bewegt, nach dem Reiten, mit ihm im Auto, von hinten, verschwitzt und in schmierigen Stiefeln, persiflierend und dennoch aus voller Kehle sangen: Freude schöner Götterfunken ...?

Zeit der Scheidung; vielleicht konnte es nicht besser sein. Dieses häufige „vielleicht". Zeichen der Verwirrung, der Ununterscheidbarkeit? Feiges Rückzugswort für eine Angst, die er nicht benennen kann? Sein Einfall: Ich schäme mich für die Mädchen. Meine Eltern lehrten mich das: Wir müssen uns für Dich schämen. – Später der Satz des Analytikers, der, harmlos gesprochen, zunächst wie unverständlich scheint: Worüber sollen Sie sich schämen?

Damals, einen Monat vor Beginn der Therapie, bei Frau Dr. Breitscheid hatte der Patient sich schlecht benommen. Das war Leas Meinung. Er erinnerte sich noch einmal an den Freitagnachmittag, als er sich unversehens im mäßig besuchten Wartezimmer in den Erstickungsanfall gehustet hatte, durch alle Türen und Wände der Praxis hörbar, so daß die Ärztin, jung und groß, geängstigt hereinrauschte und sofort eine Spritze anbot.

Er zu Lea, wie mit letztem Atem und bösem fahlen Gesicht: „Das ist so eine, die sofort spritzt." Dazu kam es auch und der Organismus bedankte sich mit einem Kollaps. Deshalb wurde er mit dem Krankenwagen in das Krankenhaus in Rissen gebracht und dort für einen Tag und eine Nacht stationär behandelt.

„Sie wollte Dir nur helfen. Du hast sie angesehen, als wolltest Du sie umbringen, jeder sah das, auch sie, auch ich."

Was verwechselte er? Er schrieb Lea, daß er der Ärztin nette Worte und Blumen geschickt und für die rasche Hilfe gedankt habe. Sie, Lea, könne sich dort wieder sehen lassen. Sie antwortete: „Meinst Du, wenn Du, Helmut, *Dich* schlecht benimmst, kann ich *mich* dort nicht sehen lassen? In Wirklichkeit ist es so: Wenn Du Dich (... bei Frau Dr. B. oder sonstwo) schlecht benimmst, kann ich mich dennoch dort sehen lassen, aber *Du* nicht.

Lieber, das ist nicht bös von mir gesagt, nur ein wenig lächelnd über die Konfusion zwischen Deinem Erleben (als ob Du etwas für mich tun müßtest – gutes Benehmen) statt etwas für Dich, für das Du sozial voll verantwortlich bist. So können Deine Kinder Dir keine Schande machen, sondern, sag ihnen das: nur sich.

... hat mich Dein Brief erfreut, ich glaube, Du bist auf *Deiner*, also auf der richtigen Spur! Eine kluge Schriftstellerin schrieb einmal, ich zitiere aus dem Gedächtnis: ‚Ist es nicht so, daß wenig Nachdenken von uns weg, viel aber zu uns hinführt?' Eventuell schrieb sie es auch in einem anderen Text – oder gar nicht?"

Er hört die Eltern-Stimmen, die lebenslangen: Tu' mir *einen* Gefallen. Tu' mir *diesen* Gefallen. Tu' mir diesen *einzigen* Gefallen! Er mußte ein absolut unfreundliches, undankbares Kind gewesen sein, das man nur noch anflehen konnte. So schlimm? So schlimm. Denn sofort stand das Schämen wie ein riesiges Gespenst um ihn, bereit in ihn hineinzuschlüpfen, ihn voll auszufüllen: „So muß ich mich für Dich schämen." Mich und Dich, die Konfusion.

In der Analyse suchte er nach einer Szene, die das Ausmaß der Enttäuschung seiner Eltern und die affektiv ins Äußerste gesteigerte Sprache seines Vaters belegte: Die Beerdigung seines Großvaters in Bad Bergzabern, der Patient im Examenssemester seines ersten Studiums. Sie waren mit Vaters Auto unterwegs. Dieser verwendete seinen Sohn wie einen Automaten: „Zweiter Gang, hier bremsen, die Kurve nicht zu scharf, Hand am Steuer, sieh' geradeaus!" Mehrmals muckte dieser Sohn, stotterte, in Gedanken mit abruptem Bremsen und sofortigem Ausstieg mitten in einem Dorf befaßt. Die Mutter schwieg auf dem Rücksitz, ihr Vater war gestorben, Beerdigungszeit.

Dort, in Grabesnähe, banden Vater und Sohn eine Krawatte um. Der Sohn hatte zwei in der Tasche, wovon der Vater nichts wußte. Jäh sah er hoch: „Das nimmst Du weg! Aber sofort!!" Es war eine

Krawatte aus weichem, wollenem, weinrotem Faden, wäre ein matter dunkler Glanz unter den schwarzen Anzügen und perlhuhngrellen, schwarz und weißgepunkteten Bindern dort gewesen, der Ehre eines sehr alten Mannes würdig, der im zweiundneunzigsten Jahr verstorben war. Der Vater, pyknisch beleibt, nachher würde er Schoppen trinken, bemerkte, daß der Sohn einen Moment zauderte. Zischend, wie vor einer Niederlage, und dann flehend, sagte er: „Tu' mir einen Gefallen. Einen einzigen Gefallen!" Und wieder obenauf in sich: „Zieh' die schwarze Krawatte an!"

Hätte der Sohn an dieser Stelle sagen sollen: Ich tu' Dir nicht *einmal diesen einzigen* Gefallen?

Im schwarzen Brustschmuck antwortete der Sohn dann dem Beileid der Trauernden, die auch vom Alterswahn des Verblichenen genug erfahren hatten, recht deutlich: „Ich bin sehr froh."

Als der Richter Herbert mit Brigitte zu einem weiteren Wochenendbesuch gekommen war, wies der Patient auf die böhmischblauen, bemalten Gläser, die als Eierbecher dienten, und sagte: „So kann man Deine Gläser auch benutzen." Und Brigitte, aus dem Geschlecht der Kinder-Therapeuten, antwortete: „Wieso meine Gläser? Es sind die, die ich Dir geschenkt habe, also Deine."

12

Das *Eine* und das *Alles*. Die oft nächtlichen Anrufe seiner Frau bedrückten ihn. Kaum in Hamburg angekommen, eine Stunde vor seinem Abendvortrag über *Freud im Exil – das letzte Lebensjahr*, erreichte sie ihn dort: Verzagt und stumm, dann lauter und bitter beredt, als sie ihre Forderungen für eine einverständliche Scheidung wieder einmal bekräftigte: Lebenslanges Wohnrecht im gemeinschaftlich erworbenen Haus, Rente, hohe Anteile an den Nebenverdiensten, Sonderzuwendungen, selbst Ansprüche im Fall ihrer Wiederverheiratung. Es machte ihn krank.

Was sie hingegen aufregte, war, daß er in ihrer Gegenwart Zusicherungen machte, ja beruhigend wirkte, dann aber bei scheinbar unpassender Gelegenheit dies so widerrief, als wolle er *Alles* kündigen, sie im Stich lassen, einsam und arm.

Affekte überschwemmten ihn, Wut und Trotz. Er will keine Planungen: Primärbefriedigung statt Ich-Funktionen. Ist er bereits so weit außer sich, daß er ‚kein Widerwort' hören will? Er spürt seinen vergangenen Sätzen hinterher, läßt sie wieder aufklingen, Stimme, Duktus, Szenerie, Logik: Stilisiert er sich nicht als Opfer einer unersättlich gierigen Marianne, die ihn in die Nebenverdienste treibt, bis er asthmatisch zusammenbricht? Sie hat seine Konten studiert, alle Einnahmen, auch die Zehn-Mark-Scheine addiert und einen Verteilungsplan entwickelt, den sie in vierundzwanzig Punkten *Bedarf* genannt hat. Es ärgert ihn, er fühlt sich ertappt und ausgezogen – wie aber sonst sollte sie das Familieneinkommen errechnen?

Alles Geld will sie, behauptet er und weiß dabei, daß sie nur viel will, sehr viel und zuviel. Abends, allein, spürte er wieder einmal, wie seine realen Probleme von einer Phantasie zugedeckt und entstellt wurden. Wer war nun mißtrauisch, chronisch geängstigt, wer hielt wen für unersättlich?

Er notierte: Warum hilft es mir nicht, wenn ich vor Heinz, der mich anhört, nickt, mit mir die Zeit teilt, das Programm des ausgebeuteten und notleidenden Kollegen entwerfe? Warum keine Katharsis?

Er gewann soviel Abstand von sich selbst, daß er wahrnehmen konnte, wie er sein Sprechen in einen falschen Ton eingehüllt hatte, einen hartnäckigen Mißklang, den Heinz als Wirklichkeit betrachten und nicht aussondern konnte. Heinz antwortete angemessen auf alles, was vorgetragen wurde, der Patient jedoch hatte etwas zurückgehalten, einen anderen Text, auf den Heinz nicht eingehen konnte, weil er ihn nicht gehört hatte. Es sind bösartige Übertreibungen, die er wie ein darauf spezialisierter Schauspieler ausspricht, für die Sekunden des Auftritts selbst überzeugt. Währenddessen findet die Infektion statt, die projektive Identifikation. Das ist seine Befriedigung, die nach Katharsis aussieht, aber so nicht gemeint ist.

Der Patient überlegte, wozu ihm diese Fälschungen dienten. Er könnte jetzt behaupten: Ich bin ein armes Opfer der gierigen Frau. Was folgt daraus? Bekommen arme Opfer anderswo Zuwendung? Ist das ein Bonus, sich seiner Freundin zu nähern? Die Unaufrichtigkeit aber erkannte er daran, daß er nach solchem Reden, auf das hin er zunächst getröstet wurde, keine Besserung verspürte. Die Ratschläge waren erzwungen, bezogen sich auf eine Lüge.

Dabei beabsichtigte er nicht, zu lügen. In Affekt geraten, war ihm sein Standpunkt gerecht, fraglos, ohne einen anderen möglichen, ohne ein – Widerwort! Wenn er probeweise versuchte, dieses jähe Ausholen zum Schlag zu verlangsamen, wurde deutlich, daß für Denken und Abwägen kein Raum blieb, er nichts als einen Anfall produziert hatte, in dem er sich austobte, fast erinnerungslos wurde und sich sogar wunderte, daß er im anderen eine Wirkung erzeugt hatte, die dort anhielt und zu Konsequenzen führte. War sein Vater nicht immer in tiefer Unbekümmertheit und Frische erwacht, wenn es abends laut und hoch um ihn hergegangen war, er die anderen im Wortschwall seiner Allwissenheit ertränkt hatte? Am anderen Morgen: „Was hast Du denn? Was soll gewesen sein? Sei nicht so empfindlich!"

Der Patient erschrak. Wenn er solcherlei unbemerkt in seine Therapie brächte, würde sein Analytiker ihn hassen – sich schützen und ihn hinauswerfen, wie er es bereits einmal in der Ausbildung erlebt hatte. Später wußte der Patient nicht mehr, ob der Analytiker bereits zu diesem Zeitpunkt die Formulierung gebraucht hatte: „Ich weiß nicht, ob das, was Sie sagen, mir bekömmlich ist."

13

Vielleicht erklärte diese eigentümliche Affektbesetzung, warum der Analytiker den Patienten nicht ermunterte, seine Kindheitsgeschichte zu erzählen, weil er von diesen isoliert gestalteten Geschichten, die der unmittelbaren Übertragung wenig Raum gaben, angegriffen und besetzt worden wäre. Da Patient und Analytiker einander schräg gegenüber saßen, beobachtete der Kranke den von ihm und um ihn Beauftragten, sah, wie er ihn vordergründig interessierte und auch durch seine Selbstironie zum Lächeln brachte, ihn damit aber zur Bestätigung zwang, die Szene zu Ende kam und ein kurzer Tod der Kommunikation eintrat. Beide spürten, daß erst in der Überwindung solcher Beziehung Analyse entsteht.

So erkannte der Patient den doppelten Aspekt seiner fließenden, quasi vorformulierten Geschichten: Sie befriedigten ihn, lösten therapeutische Zuwendung aus, gleichzeitig aber überwältigten sie den Analytiker in ihrer theatralischen Festgelegtheit auf eine Rolle. Insgesamt als Widerstand zu betrachten, verdeckten beide Aspekte die Scham, in der direkten Konfrontation zu unterliegen, vom Analytiker als wertlos betrachtet und hinausgewiesen zu werden. Der Patient versuchte, den schwierigeren Weg zu gehen und sich mit dem Körper und dem Haus des Analytikers näher zu befassen.

So übten die rötlichen Ziegelplatten der Treppe, auf denen nicht auszurutschen und nicht hinzustürzen der Patient vor der ersten Stunde alle Kräfte hatte verwenden müssen, weiter eine wichtige Funktion aus. Heute erlebte der Patient sie deutlich als federnd, hohl, dachte auch, ob sie einbrechen könnten. „Sie befassen sich mit mir“, antwortete der Analytiker, „ob Sie einen Hohlkopf treffen oder einen Mann mit geräumiger Lunge, ob Sie empfangen werden oder einbrechen müssen.“

Die Tränen des Patienten, diese Minuten der Erschütterung: Darf ich? Bin ich es wert? Bin ich ein übler Eindringling? konstituieren das Bündnis, belegen das Arbeitsfeld.

Zurück in seiner Wohnung, im Schreiben des Tagebuchs, überließ sich der Patient noch einmal seinen Vorstellungen und Erinnerungen, wartend, ob aus ihnen ein nicht erkannter Sinn hervorspränge und ihn leitete.

Die Mutter ernährte ihn, kleidete und wusch ihn, bezog sein Bett. Alles jedoch, was sich auf seine Bewegungen, Pläne und Handlungen bezog, war ausschließlich darauf gerichtet, ihn zu warnen und zu beschützen. Das Kind hatte ein Dreirad, das es gern auf den Wegen des schmalen Parks unmittelbar vor dem Mietshaus gefahren hätte. Das durfte es auch unter ihrer Aufsicht für eine kurze Weile, aber sein Bedürfnis nach Dauer überstieg alle Geduld der Mutter. Keine Lösung. Immer, er erinnerte sich an viele Szenen, gab es „keine Lösung". Schließlich erzwang er es, den ovalen Eßtisch des Familienzimmers umradeln zu dürfen, ein sich drehender Nasenbär an seiner Leine. Oft geriet er mit der rechten Lenkstange an das Furnier des Buffets, das bald Streifen vom abgeriebenen Gummi über den Lenkstangenenden bekam. Bei schärferem Anprall, manchmal auch mit der ungeschützten äußeren Schraube der Pedale, riß die dünne Folie, bis sich nach häufigerer Benutzung zwischen abblätterndem Furnier langausgezogene Striemen zeigten. Sicher gab es Ermahnungen und Verbote, vielleicht Prügel, die aber unerinnert blieben. Das Kind aber setzte die Umrundungen des Eßtisches fort, die Mutter mußte ihn nur lasch vor dem Vater verteidigen, da er ja nur in der Wohnstube geradelt hatte und nicht in das Herrenzimmer eingedrungen war, das, mit vom Vater selbst entworfenen Sofa-Würfeln, kaum für die Mutter betretbar und so gut wie nie benutzt wurde. Im Winter blieb dort die Heizung abgestellt.

So also umkreiste der Knabe seine Mutter, fortwährend bewegt, immer zurückkehrend und nie weiter von ihr entfernt als der halbe Radius der Stirnseiten des ovalen Tisches.

Wie redeten die Eltern über das Kind?

In der Pubertät des Patienten, als sein Vater-Ingenieur zu gutem Wohlstand gekommen war, beklagte dieser vor dem Sohn, die Mutter käme nicht aus ihrer Schürze heraus, dem karierten Wollkleid, den genoppten Mänteln der Nachkriegszeit. Seltsame Frage an den Jungen: Wie können wir die Mutter besser anziehen? Sofort aber, bleich und wie aus der Hungerszeit abgehärmt, schoß sie zu ihrer Verteidigung eine Begründung ab, die, in vielen späteren Wiederholungen, unwiderlegbar wurde: „Ich bin die Frau Junker, so oder so!" Manchmal variierte sie das zu einem gedrückt-fordernden: „... weil ich die Frau Junker bin!" Dieses *weil* tönte durch alle Schichten der Zeit.

Und so vernimmt er im späten Nachklang doch noch ihre Stimme: „Das darfst Du mit dem Dreirad nicht tun." – „Warum nicht?" – „Das siehst Du doch am Buffet!" – Verständnisloser Blick des Jungen, denn was geht ihn das Buffet an und wo hätte er sonst radeln sollen? Jetzt aber senkt sich das Auge der Mutter hernieder, dunkel, streng, das Ein-und-alles-Auge über dem Einzelknaben, der ihren Blick erwidert und so vereint die Wörter hört: „... weil ich Deine Mutter bin."

Ob er damals denken konnte? Auswege finden? Soweit es ihm die Erinnerung freigibt, ist er weitergeradelt. Das Buffet verbrannte unter den Bomben im Oktober 1943. Warum aber reichten die ausgezogenen Schrammen, die durchgewetzten Straßen, durch die das Fichtenholz weißlich hervorsah nicht aus, ihm Sieg und Bestätigung zu geben? Weil er Schuld auf sich häufte, nie abgab, weil er immer gegen das Verbot der Mutter antrat, weitertrampelte, die gefährliche Kurve um die Tischbeine zog.

So verdienten sie einander, Mutter und Kind.

Vierzig Jahre später erlebte der Patient einen ähnlichen Ablauf, jetzt mit Gesine, seiner damals achtjährigen älteren Tochter. Sie sind bei den Großeltern. Seine Mutter lockt das Mädchen in ihr Schlafzimmer, der Sohn kommt auf leisen Sohlen ihnen nach. Die Großmutter nimmt von der Glasplatte der kleinen, dreieckigen Spiegelkommode ein handtellergroßes, eher grobes Porzellanding, das sie vor langer Zeit schon bei einer Werbeaktion zum Geschenk erhalten hatte, wie der Sohn es wußte.

„Erkennst Du das?"

„Ja", sagte Gesine, „eine Katze, die eingerollt ist und schläft."

„Willst Du sie haben? Deine Oma schenkt sie Dir."

Gesine nimmt das Porzellantier, prüft es, schaut zur Oma und sagt leise: „Nein."

„Aber ich schenke es Dir. Willst Du es nicht in Deinem Zimmer neben dem Bett haben?“

Gesine bleibt stumm. Die Oma spricht weiter: „Ich habe es jetzt schon so lange in meinem Zimmer und immer lieb gehabt. Ich gebe es Dir gerne.“

Gesine bewegungslos. Sie greift nicht nach der Hand der Großmutter, die es nach der Besichtigung zurückerhalten hatte.

„Nimm es Dir, nimm es Dir doch!“, sagt die alte Frau, jetzt unruhig, fordernd, zitternd. „Du kannst es behalten. Du mußt es nur immer so lieb haben wie ich!“

Das Mädchen aber weint, große stumme Tränen. Der Vater, glücklicherweise mitgekommen, unterbricht die Szene nicht allzu freundlich und liebenswert, wird laut gar, schimpft mit seiner armen alten Mutter, verteidigt sein Kind, verteidigt sich, schiebt sein Kind hinaus aus dem kaum geheizten Schlafzimmer, in dem alle frösteln.

Der Patient achtete darauf, wann er in seinen „Geschichten“ Trennungen erkannte und durchhielt. Das führte ihn zu sich, in ein angenehmes Alleinsein. Es schien ihm verwandt mit seinem seltsamen Horchen auf seine Lunge und seine Atemwege: Das Knistern, das feine Perlen, auch das rülpsige Weghusten des Belags auf den Stimmbändern. Ich huste meine Mutter aus, dachte er, in kleinsten Portionen, absurd, es aufzuschreiben. Er las in seinem Buch über Atemtechniken, übte, da er allein war, das Kopfatmen durch die mit den Zeigefingern leicht geblähten Nasenflügel, dachte sich den Atem in den Achselhöhlen. Er wußte nicht, ob das half. Aber er spürte, daß überall dort er selbst war, mutterlos wohl. Sagte er nicht: Mutter, siehst Du, ich atme schon allein?

14

Wird das kranke Kind *böse*, wenn es gesund wird? Denn dann wird es wieder das ausführen, was es vorher tat. Seine Freundin Lea, bisweilen zu klug für ihn, wies auf gemeinsame Szenen hin, die er ungern hörte und gegen das sofortige Vergessen im Tagebuch notierte.

Die Sache mit den österreichischen Jugendlichen zu Ostern in Nairobi. Er empfand die drei als zu wohl erzogen, angenehm bei Tisch, halblaut mit Erwachsenen, kindisch erst draußen im Jeep und auf Safari. Weil gerade aus Wien eingeflogen und an schärfere Kost nicht gewohnt, regten sich die Därme zu unangenehmer Aktivität. Botschafter und Vater Walter reichte eine flache Dose mit Kohlekompretten, die im Nu genommen, zerbissen, ein breiiges Maul machten und ohne Flüssigkeit kaum zu schlucken waren. Im feinen Salon, plötzlich, zeigten sich die Kinder ihre schwarzen, schleimigen Zungen, kicherten, schafften es bis zur Zungenwurzel und fingen bald an, sich anzulecken und zu schwärzen. „Sieh her", soll der Reisebegleiter gesagt haben, „jetzt sind sie im analen Genuß". Lea aber hatte seinen Tonfall gehört, vielleicht in sein ihm nicht sichtbares sadistisches Auge gesehen, seinen höhnischen Genuß erfahren, als ob er gesagt hätte: Siehst Du, jetzt schmieren sie mit Kot. Glattweg spricht sie von seinem Haß auf Kinder.

Lea vermutete anläßlich ähnlich wiederkehrender Dammbrüche ein riesiges Reservoir an Haß – und schrak davor zurück. Auch der Patient geriet durch diese Botschaft in Unruhe. Ist seine Dysphorie nur als ein gelegentliches Ausbrechen spitzer negativer Affekte zu verstehen, die eruptieren und in der Regel unterdrückt werden können, oder weist sie auf eine ichüberdeckende Dauergestimmtheit hin?

Der Patient versuchte, um einen Überblick zu gewinnen, aus Geschichten den persönlichen Mythos zu fixieren, die symbolischen Sätze:

Damals. Die Mutter mahnte das vierjährige Kind: Du bist böse,

wenn Du Dich von mir wegbewegst. Das Ich des Kindes sagte: Ich bewege mich trotzdem (das Dreirad in der Wohnung), dafür akzeptiere ich als notwendige Rolle: ich bin böse (= schuldig).
Heute. In den vertraulichen Szenen sagt, bittet und verlangt er, aus dem Bösen und Schuldhaften erlöst zu werden. Manche, die angesprochen wurden, gaben die erste Antwort: Gerne. (So hat es Lea gesagt). Er aber hörte nicht auf diese Antwort, sondern setzte nach: Das reicht nicht, ich bin noch immer nicht genug befreit (die Bindung an die Mutter bleibt).
Neu? Die Mutter sagt: Du bist böse. Er: Ja – ich will böse sein. Das ist mein Gutes.

Dennoch bleibt die Szene mit dem Dreirad unaufgeklärt; es gelingt dem Patienten nicht, eine gesicherte Bedeutung zu finden. Er steht wie vor einem optischen Trugbild, das je nach innerer Einstellung kippt: führt die Treppe nach oben oder unten?:

Seht, welch' armes Kind! Es darf nicht ins Grüne, nicht in den Park. Nur stumpf im Wohnzimmer radeln, ein trostloses Schleifen am Furnier des Buffets!

Und dann: Seht, wie abenteuerlich rasant der Knabe den Eßtisch umrundet, wie er die Furniere des Buffets quietschend zerkratzt! Zwei Kinder, zwei Mütter?

So oder so? Ist das *Oder* jedoch eine falsche Verknüpfung, weil sie alle anderen *Oder* oder *kein Oder* ausschließt? Es fällt dem Patienten auf, daß sein Therapeut auf diesen Freudschen Dualismus nicht eingeht, nicht hereinfällt sozusagen, daß er noch andere Treppen sieht als in dem optischen Trugbild vom Hinauf und Hinab. In der Analyse hatte sein Patient von einem heftigen Widerwillen erzählt, als seine Hamburger Ärztin ihm ein *Leiden* bescheinigt hatte, von dem sie ihm Genesung empfahl. Demgemäß wäre er ein Lungenkranker oder Asthmatiker oder ein vegetativer Neurotiker: „Dann erfülle ich den sehnlichen Wunsch meiner Mutter, gegen den ich mich lebenslang zur Wehr gesetzt habe. Das will ich nicht!" Dagegen hatte der Analytiker wie beiläufig formuliert: „Dieser Kampf belegt die Bindung."

Wie wäre es, überlegt der Patient, wenn er sich seine eigene Definition gäbe, seine Konstitution betrachtete, sein Beziehungsschicksal studierte und danach suchte: *Wer bin ich*? Er ahnt, daß er ein Kampffeld verläßt.

Leider erwies sich die *mechanische Vorstellung* über seine Müdigkeit als unbegründet. Auch im Zustand von Erschlaffung, der Lidschwere und dem Bedürfnis, sich überall hinzulegen und einzuschlafen, lagen die Lungenvolumenwerte im Normbereich, wie sich mittels eines entsprechend geeichten Instruments leicht objektivieren ließ.

Zweiter Teil

15

Keine Sorge. Der strenge affektive Nachhall der beiden Wörter besagt dem Freudianer: Also Sorge.

Sicher hat er seinen Therapeuten und seine Medikamente. Getreu liest er in Middendorfs Atemlehre, versenkt sich als Lungen-Mensch in die angegebenen Übungen, versucht auch, die zum Körperinneren gewordene Luft über den Hals bis in den Kopf zu spüren, über Bauch und Rücken bis zu Leiste und Genitale. Hinter der Couch fährt er sich heimlich mit den Zeigefingern an die Nasenflügel, erweitert sie mit unhörbarem Druck von innen. Das soll zur Erfrischung beitragen, da die Luft nach oben bis zu den Siebbeinzellen aufsteigt. Er hofft, dadurch besser zuzuhören und denkt an strickende Analytikerinnen oder einen papierfaltenden Kollegen, bei denen es klappert und knackt. Falls der Patient sich umdrehen sollte, denkt er, habe ich schlimmstenfalls in der Nase gebohrt.

Dennoch lebte er eine ungeliebte Freiheit, die er den Medikamenten verdankte. Sie hatten die feinen Verästelungen seiner Lunge chemisch erweitert und hielten sie offen. Die schleimbildende Tätigkeit der Zellen im Alveolarbereich war unterdrückt. Er mußte sich als einer verstehen, der mit einer Prothetik lebte, einem System von winzigen Glasröhrchen in der Brust, einem Fremdkörper.

Dieses künstliche Gleichgewicht wurde gestört durch ein Symptom: Das ständige Räuspern, das er seit Wochen als durchaus angenehm empfunden hatte, wurde zäher, klebriger. Vor jeder analytischen Bemerkung oder Deutung mußte er versuchen, den Belag abzuhusten. Das würde allen Analysanden bald seine Krankheit verraten. Seit langem wußte er außerdem über die Nebenwirkungen des Cortisons: ... kommt es zu Heiserkeit oder zu einem örtlichen

Pilzbefall der Mund- und Rachenschleimhaut. Diesen Befall entdeckte er ganz sichtbar an einer anderen Schleimhaut, die mit der Lusterzeugung in enger Verbindung steht. Auch dagegen gab es Abhilfe. Er stellte sich vor, wie er Schlund und Penis im Kamillensud baden wird. Er las weiter, wie er sich mit dem danach empfohlenen Medikament verhalten solle: Verwenden Sie gegen die eingetretenen Nebenwirkungen ein geeignetes Antimycoticum; Ihr Arzt wird Sie beraten. Was wird er gegen die Nebenwirkungen dieser Nebenwirkungen tun, gegen die Veränderungen des Blutbildes und wohin mit den toten Pilzen?

Er setzte das Cortison ab. *Schleichend* zwar, wie es der Fachausdruck verlangt, doch konsequent und ohne den Rat seiner Hausärztin. Pottvogel hatte ihm den Rückfall bereits bescheinigt.

In der Chronik seiner Analyse notierte er beiläufig, daß er die *Liebesbriefe*, wie er die Schreiben von Lea aus den vergangenen Jahren etikettiert hatte, oft nur betrachtete, ordnete, Jahresmappen anlegte und deren Rücken in ihrer Füllhöhe verglich. Jeder Millimeter mehr bedeutete, einen Monat länger zu leben – ein folgenschwerer Einfall. Er bemerkte und gestand sich, wie sehr er dieses Sammeln und Anhäufen mit einer Art wortloser Anspannung betrieb, als ob er heimlich und unter großem Schulddruck wegen der Unangemessenheit des Wunsches verlange: Bitte mehr davon. –

Warum entzifferte er diese Briefe nicht, warum las er sie nicht erneut, leerte er sie nicht wie ein Glas, das dennoch wunderbarerweise gefüllt blieb, da sich die Wörter nicht erschöpfen?

Er erinnerte sich an eine Tagebuchüberschrift, *Mein Glück aus dem Jahre 1986*, seinen dringenden Wunsch an das Schicksal: Jetzt darf kein äußeres Unglück geschehen!

Als ob er, in den Stand des Geliebtwerdens versetzt, sich ungehemmter seinen wissenschaftlichen und analytischen Zielen zuwenden, er alles *für sich* verwenden könnte! Denn aus seinem Wohlbefinden entstünde dann nur gutes Wort und gute Tat. Offensichtlich konnte er nicht erkennen, wie passiv seine Phantasie ausgelegt war:

Ich brauche für diesen Zustand des Geliebtwerdens innerlich nichts zu tun. Wenn nur nichts außerlich Schlimmes geschieht, wird dieser Zustand anhalten. Nachträglich fügte er hinzu: Ein gerettetes Kind, es räkelt sich in der Sonne.

Dementsprechend brauchte er sein Objekt nur äußerlich zu pflegen, bereitwillig, freundlich im Kontakt, ein angenehmer Reisebegleiter, ein guter Rückenwind. Im übrigen könnte er, wenn etwas dazwischen käme, lebenssituativ Unangenehmes, Kritisches durch Liebesbeteuerungen ausschalten: *Du weißt, ich liebe Dich ...*

Er hätte auch einsetzen können: *So ist es nun und so soll es bleiben!*

Warum spürte er nur ungenügend, daß er Lea zwar angenehm verbal verführte, aber in vielen intimen Situationen eher gebrauchte als beseelte? Langsam war dieser Mangel in ihr angewachsen, sie spürte ihn und wehrte sich. Schon im Sommer in Wien hatte sie in einem auf Betonsäulen ruhenden Landhaus in den nördlichen Wienauen die Angelegenheit materialistisch definiert: „Mein Seelenkonto steht auf Minus. Du hast zuviel von mir abgehoben." – Sie erholte sich, indem sie sich von ihm trennte. *Passivität saugt Seele aus*, notierte er und hoffte, daß einiges umkehrbar wäre.

Auch Leas jetzt kämpferische Formulierung begann er zu verstehen: Du bist *zu sehr bei mir.* Und sie hatte ihn auch, in geschützter, sektdurchtränkter Stunde persifliert: Ubi Lea, ibi bene. Das hatte er nicht in seiner vollen Tragweite begriffen, rechtfertigte sich nun damit, daß sie ihn einmal, in verführerischem Wortspiel, seufzend „mein Gott" genannt und sogar auch mit *mein Gott* angeschrieben hatte, in einem Brief vom März 1987. Durfte er sich darauf nicht verlassen? *Mein Glück*, seine Formel, enthielt Wahrheit und Irrtum. Geblendet, weil er Lea zu einem Diamanten erklärt hatte, einmal gefunden und auf immer behalten. Wer ihn besitzt, braucht sich um beständiges Strahlen nicht zu kümmern.

Er versuchte, seine Sätze der letzten Monate zu erinnern, auf die Lea so klar und einfühlend geantwortet hatte, danach aber von einer Art bleicher Erstarrung befallen war, ihr Gesicht wie von einer dünnen, kleine scharfe Einrisse hinterlassenden Schicht überzogen. Ihm schien es selbstverständlich, ihr sein Leid zu klagen, das kleine Leid des Alltags, es abzugeben. Er telefonierte: „Morgen habe ich meine große Zahnarztrunde“, anstatt ihr zu sagen: „*Heute* (und morgen) lese ich weiter in Grosskurths Melanie Klein oder Sandlers: Dimensions of Psychoanalysis.“ Auch hatte er durch die Angewohnheit, auf der linken Schulter zu schlafen, sich die Kapsel des Oberarms derart verzogen, daß es ihm schwerfiel, den Stecker des Heißwasserautomaten in die senkrecht angebrachte Dose zu stecken. Hieß denn die kulturell erlaubte und seelengetränkte Formel nicht: Glück und Leid zu teilen?

Aber lebt er in dieser gleichrangigen Dichotomie? Hält er sich nicht eher in einem nicht bewußten Dauerleiden auf, wovon es zu berichten und abzugeben heißt? Er hörte seinen Wörtern hinterher, in denen er seine Stimmung über Lea ausgoß, als sei das normal und unabänderlich. Er beobachtete sich, welche Sätze ihm einfielen, sprach sie nicht aus und deutete sich das bereits innerlich Formulierte. Oft spürte er, wie er sich ausgetrickst hatte: Er wollte Lea mitteilen, wir sehr er *erleichtert* war, daß er die Artikel von Gillespie und Bowlby besser verstanden habe, als er angenommen hatte. Diese Erleichterung als ein besonderes Ereignis wies jedoch auf die Beschwernis zurück, in der er sich befand.

Offensichtlich interpretierte er Begebenheiten sofort nach einer inneren Bedürfnislage. Auf Besuch in einem Krankenhaus im gerade rückbenannten Chemnitz sah er vor der alten, herabgekommenen Villa der Doktoren Bader und Kurzweg in einer Reihe mit Abstand geparkter grauer und gelblicher Autos vom Typ Trabant einen neuen Mazda-Sportwagen in weinrotem Glanz. Aha, der Chefarzt! Als sie abends im alten Wartburg in die Innenstadt zurückgefahren wurden, klärte sich der Irrtum auf. Es war der Pharmazievertreter aus dem Westen. Der Einfall brauchte Sekunden, die Aufklärung Stunden. Wäre in diesem Moment einer seiner Kollegen um ihn gewesen, hätte er bestimmt und mit großer Gewißheit ‚über Chefärzte‘ gesprochen. Er öffnete hastig die Post seines Steuerberaters, ärgerlich, überzeugt, *schon wieder* eine Rückfrage, unter hundert Papieren noch eine weitere Bescheinigung heraussuchen zu müssen – während er nach fünf Sekunden erfuhr, es war die Kopie des Nachweises für die Ärztekammer, daß seine Nebeneinkünfte aus wissenschaftlicher, nicht ärztlicher Tätigkeit stammen – ein dringend benötigter Beleg. Zufrieden, dies begriffen zu haben, rätselte er über das Ausmaß des zuvor erwarteten Unglücks nach. Auch erinnerte er sich, wie er seinem Freund Heinz aufs Lebhafteste die Freude ausgedrückt hatte, daß ihn der Analytiker P. in Behandlung genommen hatte – nicht ohne den Nachsatz: „... hoffentlich mache ich ihm keinen Ärger.“ Die andauernde Sorge, es könnte sich aus ihm der Bösewicht entpuppen. Er versucht, sich zu verstehen, wie es sich gehört: vom Trieb her und auch vom Objekt. Denn wenn er seine Befindlichkeit vor Lea ausschwemmt, befreit er sich von negativen Aspekten seiner Körperseele, mit der unbewußten, doch deutlichen Aufforderung, sie möge, um es harmlos auszudrücken, diesen seinen Müll dann wegkehren und beseitigen. Gleichzeitig fühlt er sich wohl: Bei diesem Sprechen mit ihr, dem guten Objekt, hat er sich verbunden und angstfrei gefühlt, ohne Rücksicht jedoch, wo *sie* sich in diesem Augenblick befindet, wer sie ist, wie sie ist. Bowlby nennt es *attachement behaviour*, eine frühe Anklammerung, durch deren Erfüllung die Wahrnehmung für die angemessenen Trennungsschritte gewissermaßen inaktiviert wird. Um es ethologisch auszudrücken: noch immer folgt, seiner Mutter habhaftig und fröhlich, das Graugans-Küken Herrn Konrad Lorenz in den See!

Wäre es doch, warm und von leichten Wellen geschaukelt, so kükenfroh zugegangen wie damals an der Donau.

16

Keine Medikamente. Ohne Cortison, jetzt auch ohne Sultanol-Spray und Azetylcystein-Pulver keine Meldungen von der Lunge. Nur eine ansteigende Wahrnehmung von innerer Unruhe, Unverbundenheit, Mangel. Er arbeitete und schonte sich. Er verließ analytische Vereinssitzungen gegen 22.00 Uhr, vermied Rauch und Küchendünste, Meerrettich und scharfen Senf. Selbst auf den Geruch von Graphitstaub und von Holzsplittern gespitzter Bleistifte reagierte er empfindlich, drehte den Kopf zur Seite. Trotz Müdigkeit sah er sich vor, nicht allzu rasch in den Schlaf zu fallen, suchte nach der für ihn günstigen Lage, als ob er damit verhindern könne, in einem Anfall von Atemnot zu erwachen.

Der Golfkrieg wird vorbereitet. Er spürt, wie ihn seine Phantasien zu Wörtern treiben, die sonst nicht seine Sache sind. Mördergruppen interessieren ihn. Solche der Kurden, geführt von Talabani, solche des CIA oder des Mossad. Saddam Hussein in seiner achtfachen Verkleidung, gejagt vom neunköpfigen Kommando. Einer wird ihn töten.

Andere Kriegsszenen, 1943. Der Junge sollte brav sein, wurde naß gescheitelt. Wie hätte er böse sein können, schmächtig und auf der Flucht vor den Schuljungen, die ihm auflauerten, nasse Erdklumpen an Beine und Schuhe warfen, damit er verdreckt nach Hause käme. *Was hast Du denn gemacht?* Als Zehnjähriger allein in der Wohnstube, schrieb und addierte er auf Rechnungsblocks, die für Gastwirtschaften gedruckt waren, der grüne ovale Kranz von Wicküler-Pils, die Bruttoregistertonnen der versenkten feindlichen Schiffe. Er hörte Nazi-Nachrichten, war gierig auf *Sondermeldungen*. Solange er auf Papier kritzelte, blieb es ruhig um ihn. Er starrte auf den runden grauen dichtgewebten Stoff, der in den Bakelitkasten des Volksempfängers eingelassen war, aus dem die Fanfare und die Stimme tönten. Sein Vater, unabkömmlich für den Kriegsdienst, war mit der Konstruktion von feinmechanischen Instrumenten für

Flugzeuge befaßt. Er hörte die Nachrichten schweigend und beachtete nicht, was der Junge schrieb. Bald sammelte der Knabe auf den Straßen um den Ostbahnhof in Frankfurt Granatsplitter. Solche mit gelben Resten einer Nummer oder Kennzeichnung oder einer glänzenden gerillten Oberfläche stammten vom Mantel der Bomben, waren besonders wertvoll für Tausch und Handel. Seine Mutter stellte die Zigarrenkiste in den Regen, das Eisen rostete, der Junge war wütend bis zu den Tränen. Er nahm die Kiste mit auf die Flucht nach Süddeutschland; angeblich verlor er sie, aber er ist sicher, seine Mutter hatte sie irgendwo weggeworfen. Ohnmächtige Wut. Oft hörte er die Geräusche der anfliegenden amerikanischen Bombenflugzeuge. Er wird dieses Geräusch nie vergessen, könnte es aus verschiedenartigem Motorenlärm herausfiltern und rekonstruieren, aber er stellte sich keine brennenden Städte vor. Im Oktober 1943 hatte er sehr sorgfältig und ungerührt vom gegenüberliegenden Parkstreifen das Mietshaus beobachtet, das Stock für Stock herunterbrannte bis in den Keller.

Was hatte er damals gelesen? Eine große Volksausgabe des Wilhelm Busch, Olympiade 1936 und ein Hitler-Buch mit eingeklebten Bildern und Beweisen: *Auch der Führer kann lachen*. Nichts weiter? Neunjährig war er doch auf das Gymnasium gelangt, hatte die Sonderprüfung im Schreiben bestanden, das weiche und das scharfe ‚s' richtig unterschieden.

Die imaginäre Teilnahme am Laufidol Jesse Owens, an den Schiffsversenkungen im Atlantik, das Sammeln selten geformter Granatsplitter, die Verleugnung der Realität ertrunkener und zerrissener Menschen, die darin erlangte unbewußte Befriedigung – die Fortsetzung des Handelns des Vierjährigen, der die Ameisenstraße zertrat? Noch in den Kriegswirren kam er an: *Die 40 Tage des Musa Dagh* von Franz Werfel und zuvor: *Die Räuber vom Liang-Schan Moor*. Er hatte wirklich einmal geglaubt, an einer sibirischen Universität zu studieren, wäre höchstes Privileg.

In den Tagen vor Ausbruch des Golfkrieges, einer geahnt körperlichen Bedrohung, schnitt der Patient Zeitungsartikel aus, legte sie verstreut auf dem Schreibtisch aus, wo sie rasch gilbten: Ökologische Katastrophen am Aralsee, das herannahende Tschernobyl im mexikanischen Atomreaktor Laguna Verde, die Erregung, Ablenkung und Überdeckung boten.

Tötungsphantasien beruhigten ihn, wie die lang gehegten gegen Schah Reza Pahlevi, später: Franz-Josef Strauß, längst abgeklungen. Die Erinnerung an Marianne: „Wenn Du in Gruppen zuviel Wein trinkst, kommst Du in Katastrophenstimmung und beginnst, Reden zu halten." Nur einmal hatte er sich real hinreißen lassen und als Arzt vier Monate im Auftrag des Roten Kreuzes 1968 in Biafra/Nigeria verbracht. Er wiederholte alte Szenarien: Beim Galaempfang in der Münchner Staatsoper schoß er aus einer verlassenen Beleuchtungskabine hoch über Bühne und Parkett in die betreßte Menge der Offiziere, Herrscher, Händler und Heuchler.

Die Tageszeitungen schürten die Glut, geleiteten die Morde des Traumes und des Tagträumers mühelos bis zur Wirklichkeit, zur Information. Dort saßen Rechtschaffene wie er vor der Television. Um den Frieden besorgt, ergötzten sie sich am Krieg.

Hätte der Patient mit jenen neun Jahren gerne seinen Vater so gesehen wie diesen lachenden, glatzköpfigen, irakischen Offizier, Schnurrbart und schwarze Sonnenbrille, der seinem Jungen in makellos weißem Hemd ein automatisches Sturmgewehr gab, das der Knabe jetzt beidarmig triumphierend hochreckt als habe er gesiegt? Leichte, andauernde Herzschmerzen dagegen registriert er in diesen Tagen.

17

Die Unruhe vor den analytischen Sitzungen stieg. Der Patient redete viel, vergaß vieles sofort. Die Tagebucheintragungen wurden kärglicher, peinlicher. Er dachte weniger, klebte Zeitungsausschnitte in sein Journal. Er verschwieg die Spitzen seiner Aggression und Angst, hielt sie aus der direkten Übertragung heraus. Vermutlich waren seine Andeutungen beredt genug.

Leas Besuch war angekündigt, eine Woche im voraus. Er fürchtete *Abbruchverhandlungen* ihrerseits, suchte Auswege. Heimgesucht von einem Flackern zwischen vermeintlicher Gewißheit und der Qual der Unsicherheit besuchte er mit Heinz die mittägliche Party eines jüngeren Kollegen. Herbstsonne im winzigen Garten des Einfamilienhauses, zu dem sich alle Parterretüren öffnen. Sekt, Salate, ganz einfache Hausmusik, von Kindern, Kuchen und einigen Wespen durchzogen. Wein. Es ist Sonntag, und die Möglichkeit, am Nachmittag zu schlafen, dämpfte die panikbereite Unruhe.

Beinahe, so notierte er später, hätte er einen sozialen Fauxpas begangen. Er hatte sich entschieden, nicht mit einer langen Rede über die wahre Bedeutung des Golf-Krieges loszuschlagen und sich an eben derselben Thematik der Gesellschaft nur zögernd und beiläufig beteiligt. Solange er nur zuhörte, konnte er jedoch die Vorstellung nicht unterdrücken, Lea würde ihm die phantasierte Abschiedsurkunde überreichen. Unabweisbar kam ihm in den Kopf, er werde seine Praxiswohnung in eine endgültige Wohnung umbauen müssen, endgültig werde er allein leben und sich morgen mit einer Armada von Haushaltsgeräten umgeben, unter denen das Wort *Waschmaschine* Bedeutung fand und ihn nicht mehr losließ. Er hörte bereits das klackend-dumpfe Geräusch der zuschlagenden Tür mit ihrem einzigen Auge, das saugende, schlagende, wringende, schabende Tosen in ihrem Inneren. Solcherlei Ungereimtes und höchst Privates wollte er eben vor einer Schar von jüngeren Berufskollegen ausbreiten, aber Heinz bestritt den verbalen Teil der Party laut und gestikulierend mit seiner Sendung als Laienanalytiker. Dem Patienten hatte er sein bekanntes: „Darüber müssen wir später reden!“ offeriert.

So aus der Balance gebracht, verengte sich sein Bewußtsein vorübergehend auf den Punkt einer halluzinatorischen Gewißheit: Lea würde ihm kühl und freundlich auch mündlich erklären, daß sie und er nicht zusammenbleiben könnten, nicht aus Bosheit ihrerseits, aus einem unstillbaren Unglück aber, das von ihm seinen Ausgang nahm. Sollte er sie anrufen? Auf sie einreden? Soweit hielt er sich zurück. Er würde schreiben. Das vollzöge sich langsamer, wäre überlesbar, sein Herzklopfen unhörbar oder er könnte den Satz streichen, falls es aus ihm herausklänge. Durchstreichen, neu schreiben, nicht abschicken. Die Vielfalt, sich während dieses Handelns zurücknehmen zu können, etwas nicht zu schreiben und dennoch an dem Text zu bleiben, der sich andrängt und etwas erzwingen will, beruhigte ihn.

Nachmittags fuhr er mit seiner ältesten Tochter Gesine und ihrer Freundin Iris, beide Schulmädchen, hinaus zum nahen Bühl-See zum Baden. Die Oberfläche glatt, ölig, das wie in einen tiefen Krater eingelassene Wasser auf der Sonnenseite spürbar wärmer, einige Jugendliche, die an einem schwimmenden, jedoch am Grund angeketteten Bohlenkreuz turnten und sprangen, Plätschern, Geschrei, die Geräusche verhallten. Er schwamm gern und ausgiebig, achtete auf die Lunge, die ihm unbeschwertes Atmen gestattete. Die Luft war kalt; er trocknete sich rasch, brachte die Mädchen mit einigem Gerät und Geschirr zu ihren Pflegepferden, wohin sie ursprünglich schon früher mit dem Fahrrad hatten hinfahren wollen. Keine Katastrophe, nirgends Unglück. Der Patient erinnerte sich an das letzte Telefonat mit Lea: Kein Liebesgesäusel – war das bereits die realisierte Trennung? Und will er jetzt dieses ihn verletzende Objekt zerstören, das sich durch sein Tun bereits selbst entwertet hat, wertlos geworden ist und nicht mehr geliebt werden kann? Wie lustvoll wäre dies besinnungslose Zerstören, was sich, wie er dachte, viele andere erlaubten.

Er besprach sich am Abend mit Heinz, wobei er über *Frauen* redete, und sie das Ganze auf die Konfliktebene brachten, wo es angenehm diskutiert werden konnte. Heinz erklärte ihm, er könne mit einer Frau wie Lea keine zwei Tage leben.

Die Nacht verlief, mit Phantasien versehen, beschwerdefrei. Zuvor hatte der Patient einen auf Video überspielten Film angesehen, Audrey Rose, die Horror-Seelenwanderung eines Mädchens, wohl gerade recht.

Am übernächsten Tag Leas Antwort im Briefkasten, er überflog den einseitigen Text zwischen zwei Analysestunden, in denen er der Analytiker war.

„... und danke Dir für Deinen Brief, der mir für Dich wertvolle Erkenntnisse zu dokumentieren scheint. Es stimmt, daß *ich* in Dir *böse* Tiefen wahrnehme; dagegen läßt sich sicher, wie von Dir vorgeschlagen wurde, die „Schutzmaßnahme des Willens" ergreifen. Was mich angeht, Lieber, habe ich das so versucht, daß ich sagte:
„Ich *will* das nicht hören."
Oder: „*ich* will das nicht hören."
Oder: „ich will *das* nicht hören." etc.
Aber: ich *muß*, von Unbewußt zu Unbewußt, *das* doch hören, fühlen, mich infizieren und zerstören lassen – ?? Ich bin nun mal ein geschwächter Mensch in der Tiefe! Stark genug im *Ich*, aber todeskrank da unten (là-bas!). Bald weiter – und erstmal bis Freitag um 17.48 Uhr..."

Der Patient aber kann nicht auf den Freitag sehen, weil es Dienstag ist. Er hat den Eindruck, er müsse Lea mit Überliebe halten und sie notfalls zwingen. Ist sie denn übermächtig, kann sie über ihn so sehr bestimmen? Ist sie eine Mutter, die ihn in zu heißes Wasser taucht, ein Vater, der bereits sein *Keinwiderwort* ausgesprochen hat und bei dem nächsten sprachlichen Mucks zuschlagen wird?

In diesen Tagen lebt er in einer Art Erregungs-Angst, flackert zwischen weiterem Objektverlust und Objekterzwingung. So klingt es relativ erwachsen; es kann wie ein fachliches Wort aufgeschrieben werden. Manchmal erscheint jedoch die Anstrengung zu schwer, durch soviele Korridore und Türen zurückzugehen bis in die tiefe Vergangenheit: Das verlassene Kind sucht angstvoll-vergeblich nach dem verlorenen Menschen und ist im nächsten Moment angespannt-gewiß, ihn zu finden, herbeizuzaubern, und ihn sich gewaltsam, wenn es nicht anders geht, zuzuführen.

Die Spannung bleibt. Er wiederholt sich sein selbstgeschaffenes, nicht einmal eingetretenes Unglück: Sie will sich von mir trennen und es mir beibringen auf eine menschliche Art. Was will er denn mehr oder anderes, warum anerkennt er keine *menschliche* Art? Weil er ein Ergebnis will, eine Dauer, die er bestimmt: So soll es sein! Er will nicht nach den Umständen fragen, etwa nach dem für beide möglichen *wie*.

18

Der Patient steht zu seiner spätvormittäglichen Therapie-Stunde nachts um 1 Uhr 30 auf, ist wach, wäscht die Haare, rasiert sich. Ein unvollkommener Verdacht, es ist zu dunkel draußen, wird nicht realisiert. Auch nicht, daß der Heizkörper des Schlafzimmers kalt ist, der sonst nach einem automatischen Wärmeplan zum Aufstehen sozusagen dampft. Nichts kann ihn wecken, bis beim Einlassen des kalten Wassers in die Kaffeemaschine die Uhr der Mikrowelle ihn aufklärt. Ruhig geht er in sein Arbeitszimmer, wo eine lautlose Bürouhr ihm dieselbe Zeit anzeigt. Als wäre nichts gewesen, geht er wieder zu Bett, stellt den Wecker auf später, da er sich nicht zweimal rasiert.

Als er seinem Analytiker davon erzählt hat, auch von der besonderen Vorsicht, auf der Autobahn keinen Auffahrunfall zu begehen, er sich dann im Sprechen unbeabsichtigt in diese Zeit zurückversetzt hatte und nicht ohne Zögern andeutete, er höre bereits den hellen erlösenden Tusch des springenden und geknickten Blechs, den dumpfen Anprall massiver Teile und die plötzliche Richtungsänderung seines Fahrzeugs, er fahre zwar langsam, aber völlig gelöst und gesichert, wurde dieser ernst und zeigte ihm, wo er, der Patient, ist, und an welchem Ort er, der Therapeut, sich nicht befindet: Der eine in einer Trance, in einer Lungenwelt, in die das Leben hineingesogen und ein Vergangenes wiederbelebt wird, das für die Gegenwart unangemessen und irreal ist.

„Es ist eine Kindergeschichte“, sagte der Patient. „Wollen Sie sie überhaupt hören?“

„Gerne," sagte der Therapeut, er sprach wie von einem anderen Stern, angespannt und geduldig.

In überhastetem Gestus, mit Wörtern, die wie ineinander verschachtelt in ihm herumliegen, redete der Patient noch einmal die Szene vom Keuchhusten und der verzinkten Wanne in den Therapeuten hinein. Das glühend heiße Wasser, in das die bereits rot angelaufene Hand der Mutter ihn endgültig hinabtauchen wollte. Seine Versuche, sich mit Füßen oder Händen am Rand der Wanne abzustützen, um sich herauskippen zu können, das Wasser mit wütendem Trampeln aus seinem Bottich zu schlagen bis in den Wollteppich, der es aufsaugen und verschlucken würde. Der Kampf seines dünnen, sich windenden, nackten und weißen Körpers mit der freien, harten und breiten Hand der Mutter, die ihm auf die Brust zielte, sich dort ansaugte, vergrößerte und mit seinem Ersticken begann.

Hustete er? Drang Wasser anstatt Luft in die Lunge? Vermischte sich das Leben mit dem Tod? Ich muß das doch tun, wird die Mutter am Anfang gesagt haben, ich verspreche dir dafür und später – dann gab es Ablenkungen, Ermahnungen, Drohungen, dann der sprachlose Kampf. War jetzt nicht die Hand seiner Mutter *in* seiner Lunge?

In den ersten Wochen seiner Asthmaanfälle hatte er mit seiner flachen Hand gesucht, wo die Lunge beim Einatmen die Brustwand hob. Er achtete auf die leiseste Bewegung und verzeichnete die toten Areale, wo es stumm blieb und sein Leben ausgestorben war. Es beunruhigte ihn, wie groß diese Flächen waren, am Hals, unter den Schlüsselbeinen, in den Achseln, selbst über dem Brustbein. Allein im Bauch und an den Rippenbögen spürte er seinen gierigen, ziehenden Atem. Er versuchte, die Hand seiner Mutter durch seine eigene zu ersetzen, mit Fingerspitzen und der Handinnenfläche autosuggestiv den Raum wiederzubeleben, der verschlossen war.

Vielleicht hatte er es ausgesprochen, vielleicht nur gedacht. Sein ungeheures: Dagegenzwingen. Aufbäumen, Krampfen, die Zehen gegen den glitschigen Rand gestemmt, Schreien, Spucken, die

Finger verkrallt in den nach außen gebogenen Blechrand. Nach dem Ertrinken das Ersticken im Bett. Wäre es doch nur einmal gelungen, sich herumzuwerfen auf den Bauch, alle Federbetten und Decken herauszuschleudern auf den Boden!

Der Therapeut schnippte den Bleistift mit seiner Spitze gegen die Bartenden auf seiner Oberlippe. Er war in höchster Anspannung und sagte dann: „Ihre Mutter wollte Sie nicht ertränken. Auch Ihre Freundin will das nicht."

Der Patient fing zu weinen an, befand sich gleichzeitig in einem zunehmend sich erweiternden Raum der Erleichterung.

„Das alles," sagte der Therapeut, „steckt in dem Bild des Unfalls auf der Autobahn. Die geschützten Räume, die gegeneinander knallen, wenn in ihnen die Kraft nicht gebändigt werden kann, die für andere Zwecke gedacht war. Die Fahrzeuge brechen ineinander ein, weil sie ihre Distanz zueinander nicht wahren konnten. Ihre Lunge und die Hand ihrer Mutter würden zu *einem* Organ. Was Ihnen wie eine Erlösung vorkäme, wäre die Zerstörung, die Sie damals befürchtet hatten und die als Hilflosigkeit in Ihnen besteht. Wie wirklich aber ist sie heute?"

Der Patient wunderte sich, zu wie vielen Therapiestunden er sich des Morgens langsam, wie schleichend und geduckt und in einer seltsamen Unfallbereitschaft auf der Autobahn zu seinem Analytiker hinbewegt hatte – und auf dem Rückweg immer angespannt und rascher, lebenssicherer, keck nach Zielen ausgerichtet war, die er für jeden dieser Freitagnachmittage angehen wollte! Wieder die Erörterung des Abstandes und des aufrechten Ganges.

19

Ob die Verträge mit den Eltern unkündbar sind, Schuldscheine auf Lebenszeit? Denn die Unterschriften der Kindheit wurden mit Speichel und mit erschrockenen Blicken ausgeführt, nicht aus inhaltsreichen Sätzen konstruiert, die man widerruft.

Der Patient denkt über seine frühesten Bindungen nach. Er fürchtet um das Ausmaß, wie sehr er sich von sich selbst trennen mußte. Er denkt dennoch, um die jetzt als dauernde innere Zustände ablaufenden Befindlichkeiten, die längst, ja immer zur Beziehungswirklichkeit, zum familialen Gesetz erhoben worden waren, zu definieren. Die Mutter spricht: *Sei chronisch krank, dann bin ich immer mit Dir.* Der Schuldschein gegenüber dem Vater lautete: *Tue, was ich will. Kein Widerwort. Sonst ist das Tischtuch zerrissen.*

Jede Gesundung, jedes Eigene führten zum angedrohten Verhängnis.

Häufiger als sonst las der Patient in den literarischen Texten Leas, suchte autobiographische Schilderungen zu seinem tieferen Verständnis ihrer eigenen Kindheit. Sie betrachtete sich oft als eine bereits Gestorbene, geboren, notgetauft und untergebracht im Keller eines von Nonnen geführten Krankenhauses, während die Mütter oben in den Stockwerken lagen, als eines der ersten Bombardements 1940 über Münster hereingebrochen war. Alle überlebten. Aus dieser ersten Lebenszeit jedoch gibt es ein Zeugnis, wie ihre fromme katholische Mutter dieses Erschrecken über Geburt, Gefahr und Rettung ihres ersten Kindes inadäquat verarbeitet und unglückselig mit einem religiösen Text verbunden hatte. Ein Buch, das die Mutter sorgfältig durch alle Kriegsnächte mitgetragen und verwahrt hatte. Dort schrieb ein Priester, liturgisch und als Kalenderweisheit verpackt: „Steh also nachts auf, wenn alles schläft im Haus; und geh leise und langsam umher von einem Bett zum anderen ... und bleib bei jedem eine Weile stehen, als wäre das Bett ein Sarg und ein Grab, und als sei das Schlafende drin schon gestorben und läge nun da im Todesschlaf, um vor dem jüngsten Tage nicht mehr zu erwachen. Und nun denk: Wo wäre die Seele dieses Kindes, wenn es nicht schliefe, sondern schon tot wäre? – Wie alt ist es? Vielleicht erst zwei oder drei Jahre oder noch jünger. Du reines, schuldloses Kind, wärest du jetzt gestorben statt nur eingeschlafen, wie wäre jetzt deine Seele geborgen in Gottes Schoß ...! Aber ach, das Kind wacht morgen wieder auf und lebt vielleicht noch viele lange Jahre."

Der Säugling gedieh, von den Nonnen gebracht und geholt, im äußerst genauen Stundentakt, der Blick der Mutter nur auf das Gesicht gerichtet, Leib und Unterleib zu jener unheilvollen Welt gehörend, die über ihr als Krieg tobte. Wo anders steckte die Sünde als im lustvollen Leib? Steif lag der Säugling auf dem Rücken, gepflegt und für angemessene Minuten belächelt, geliebt nur über viele Umsetzungen als Gabe des Herrn. Neugierige Finger wurden an den ihnen folgenden Handgelenken mit weichen Bändchen an Gitterstäben festgebunden. Das Mädchen erkannte die Sprache der Uhr, die absolute Unterwerfung unter die Zeit, den langen Tod zwischen den kurzen Mahlzeiten und doch ein frühestes Einfühlen in die Regeln, die ihr das Leben erlaubten. Später Kultur, Farbstifte, ein zurückgekehrter Vater, eine Schwester und eine Nonnenschule – eingebettet in die absoluten, unpersönlichen, elternlosen Gebete.

Was hatte der fromme Mann in seinem „Kalender für Zeit und Ewigkeit 1848", endlos nachgedruckt von Herder in Freiburg im Breisgau, für die Mutter eines dennoch großgewordenen Mädchens geschrieben: „Könnte die zurück in diese Kindheit, in dieses Bettlein! Auch du bist einmal so in Unschuld dagelegen, und auch um dich hat einmal ein heiliger Schutzengel gewacht; und Gottes Auge hat mit Lieb und Wohlgefallen auf deine reine Kinderseele herabgesehen. – Und jetzt? – Das ist alles jetzt ganz anders geworden: Ein böses, schwarzes Gewissen, schwere, bleischwere Schulden vor Gott, eine alte steife Seele, die starrköpfig nicht umkehren mag, und das Lebenskapital ist vielleicht bald aufgezehrt und nah die Vergeltung! – Wärst du doch damals gestorben!"

Verstehbar, daß der Patient die Handgelenke Leas aufbinden möchte, daß er wünscht, die Uhren mögen unregelmäßig laufen, daß ihr Pulsschlag von den starken Ritualen befreit sei? Daß er sich als die einzige und andere Mutter über sie beugen wolle, den Leib liebkosend? Mühsam hielt er sich vor einem überstürzten Besuch nach Hamburg zurück.

Am Schreibtisch, von seinem Therapeuten getrennt, übte der Patient, die stärker werdenden Gegensätze in sich wenigstens denkend zu erkennen. Jedes Benennen und Aufschreiben erzeugte einen Schritt Trennung, erlaubte Atemholen für den folgenden Gedanken und Ausatmen der verbraucht-vergifteten Substanz.

Er versuchte, seine schmerzlich einschneidenden Phantasiebindungen zu lockern, sie als einzelne Kettenglieder zu betrachten, sie aphoristisch voneinander zu trennen.

– Es ist *nicht* die Frage, wieviel Herz Lea für mich frei hat, sondern ob ich mit dem, was sie frei hat, leben kann.

– Kann ich, verliebt, dennoch wollen, in ihrem Sinne eine Nebenperson, eine Auchperson zu sein?

– Würde mich Lea unbeschwert einladen wollen mit der Formulierung: Bei mir kannst Du einmal richtig allein sein?

Ob seine beinahe täglich produzierte Mißstimmung durchs Telefon, die er doch als Alltag, als gemeinsames-Leid-geteiltes-Leid definiert, ja sogar für einen hohen Ausdruck der *Beziehung* gehalten hatte, von Lea aufgenommen worden war wie eine ununterbrochene Beschwörung von nicht abwendbarem Elend? Gegen das sie ihm immer mehr Geschenke machte, Trost spendete, Rat gab, die Bildbandtrilogie Rom-Venedig-Florenz schickte, ein Lachen, mehr Lachen, ein *therapeutisches Wochenende* gewährte, wie sie es einmal genannt hatte – und immer aufs neue sich auf seine Befindlichkeit bezog. Ob sie das mißverstanden hatte als Höllendurst, den zu löschen sie verpflichtet wäre?

Einzelne Beobachtungen schärften die Wahrnehmung seiner Wünsche. Peinlich, wie er sich bemühen mußte, sie zu erkennen: Ihm hatte Leas Teppichboden gefallen, grau, matt glänzend, für nackte Füße geeignet. Sie hatte ihm Farbe, Typ und die Nummer des Artikels genannt, so daß er ihn in der anderen Stadt kaufen und verlegen lassen konnte. Dieser Teppichboden sollte in seiner Wohnung nun wie selbstverständlich ebenso sauber bleiben wie das Original in Hamburg. Er benutzte ihn wie ein selbstreinigendes Objekt. Als er später Flecken zeigte, die nicht leicht auszubürsten waren, sagte er zu Lea, aus der Magie in Aggressivität verfallend: „Der Händler hat mich betrogen, mir eine andere, fleckenanziehende Ware geliefert!"

In hellsichtiger Minute notierte er ein *Ein-für-allemal:* Meine Phantasien haben keine magische Wirklichkeit, können nichts erahnen, herbeiziehen ... meine Empathie ist begrenzt. Er schrieb das hin ohne jede Ironie. Die Erkenntnis, ein magisch glückbringendes Wunderland verlassen zu haben, ersetzte nicht die Mühe, eine Teppichreinigungsfirma zu bestellen.

Abends las er lange in Leas Texten, dachte sich zu ihr hin, ihr Kinderschicksal empörte ihn: Von der Mutter für Gott totgewünscht, vom Vater gerettet – aber nur solange sie immer und ewig leistete, was er verlangte, ihr Gott. Wie bildet sich darin ein Ich?

In der Analyse gestand der Patient quälende Müdigkeit. Wenn es Not nach Schlaf wäre, schliefe er. Eine andauernde Lidschwäche, schlaffe Arme, die einen Kasten mit Flaschen nur mit angehaltenem Atem in das obere Stockwerk tragen konnten, der Wunsch zu versinken.

20

Die folgenden Wochen wurden – nachträglich erkannt – von einem abrupten Wechsel zwischen regressiven Einstellungen und dem Durcharbeiten von Erinnerungen gekennzeichnet, wobei der Patient bemüht war, sich an seiner Biographie abzustützen, in ihr auch nach den haltgebenden, ichgerechten Elementen zu suchen. Er erlaubte sich nur soviel Regression, um arbeitsfähig zu bleiben, ein Gebot, das unreflektiert blieb und ihm zeigte, wie er es mit der Regression seiner Analysanden hielt. Die Dörnigheimer Straße führt in leichtem Gefälle zum Vorplatz des Ostbahnhofes, über dessen schwarzglänzendes Kopfsteinpflaster spätmorgens an einem Sonntag 1942 nur selten Fahrzeuge rollten. Gelegentlich schnaubten die Lokomotiven hinter den hohen Fassaden, in Abständen hörte man vor allem das Quietschen der Straßenbahn in ihrer langen Wendeschleife hinter der Endstation, sah man die wartenden gelben Wagen der Linie 3.

Der Junge, nunmehr acht Jahre alt, sollte endlich aufs Fahrrad. „Aber jetzt im Krieg, und es gibt keine Kinderräder, das geht nicht," sagte die Mutter. „Quatsch," antwortete der Vater, „ich gehe mit ihm raus." Er trug sein schwarzes, ungeheuer schweres Herrenfahrrad aus dem Keller, stellte es dem Knaben hin, der es an Lenk- und Querstange anfaßte. Der Vater löste die Sattelstange, schob sie so tief wie möglich nach unten, schraubte sie fest. Das ist der Rücktritt, erklärte er, hob den Jungen hinauf und ließ ihn frei. Das Fahrrad schaukelte bedenklich, stabilisierte sich aber durch die Geschwindigkeit. Vom Sattel aus baumelten die Beine ins Leere. Wenn er auf der Stange saß, erreichten seine Fußspitzen gerade eben die Pedale, jedoch nur, wenn sie waagerecht standen. So gesehen, erinnerte er sich, machte es Spaß, und ans Ende dachte er nicht.

Das stellte sich sehr unverzüglich ein: die quergelagerte Front des Bahnhofsvorplatzes. Eine Kurve zu fahren getraute er sich nicht, beim Bremsversuch verlor er die Pedale und fand sie, nach unten blickend, nicht wieder. Vor ihm dann die queren, tiefen Rillen der Schienen, ein nasses Pflaster, weit entfernt ein hupendes Auto, das ihn erschreckte, als wäre es direkt hinter ihm.

Dann erschien, eine unüberwindbare Barriere, die Bordsteinkante der Haltestelle. Der Junge stellte den Lenker abrupt zur Seite, geriet mit dem Vorderrad in die Schiene, wirbelte herum und fiel. Mühsam zog er die Beine aus dem Gestänge, hob das dickrohrige Rad, schob es über den Platz die nun lange, anstrengende Dörnigheimer Straße hinauf. Er weinte, es war endlos weit. Die Beine waren schmierig, von der Kette und vom Zahnrad zerkratzt; der Knöchel an einem Fuß tat weh, aber deswegen weinte er nicht. Stumm stand oben der Vater, ganz klein zuerst, dann größer, und wartete. Schließlich war der Knabe bei ihm angekommen, gab ihm das

Eisenpferd und hörte: „Aber was heulst Du denn. Habe ich Dir nicht gesagt, Du sollst bremsen!“

Oben klagte die Mutter: „Das geht nie mehr raus!“ und verwies auf die weißen Söckchen, die durch das Kettenöl verdorben waren und von denen eines eingerissen am Knöchel hing, von einer schmalen Blutspur gefärbt.

Das lernt er nie, die Parole der Mutter. *Das lernt er von selbst,* die des Vaters. Es ist ihm peinlich, daß solche Sätze in ihrer Wortwörtlichkeit über einen so langen Zeitraum in ihm Bestand gewinnen konnten. Bald 50jährig fürchtete er, seine fünf- und siebenjährigen Töchter würden nie lernen, Buchstaben angemessen zu schreiben.

Aber wie wäre es, wenn er die Szenen seiner Kindheit einfach ausgelöscht, sie als *nie geschehen* erklärt hätte, woran stützte er sich dann ab?

Denn von diesem Vater hatte er wenigstens erfahren, daß er alles von selbst könne, wenn er nur so sei wie er. Leider war dieser bereits Ingenieur und anfassen durfte der Junge nichts: „Das machst Du kaputt!“

Früh aber fand er einen Ausweg, der ihn bis auf weiteres gerettet hatte: Es waren die schon erwähnten schmalen, länglichen Rechnungsblöcke, die der Vater seines Mitschülers Fredi, der Bierverleger Leleithner, seinen Wirten mitlieferte, oben in farbigem Druck die Embleme der Brauereien, dann quer ein schwarzer Strich, darunter frei und leer. Hefte waren knapp und mußten ordentlich mit dem beschrieben werden, was die Lehrer verlangten. Eigentlich wollte er diese Blöcke nur haben und sammeln wie Granatsplitter, deren große Zeit gerade anfing. Aber dann verwendete er einige für die Addition zahlenmäßig erfaßter Kriegsereignisse. Vielleicht war dies nützliches Rechnen; die Eltern ließen ihn in Ruhe.

Sicher hatte es diese Rechnungsblöcke, die an der schmalen oberen Kante gummiert waren, so daß sich die einzelnen Blätter wunderbarerweise einzeln abziehen ließen, ohne daß der Block zerfiel, ebenso in seiner Kinderzeit bei den Großeltern in Bergzabern gegeben. Alle notierten sie Wichtiges auf dieses graue Papier, rissen das obere Blatt ab und präsentierten es unter einem Gemurmel von Forderung und Dank. Vermutlich kritzelte auch der Knabe, – er erinnerte sich nur an das verschiedenartige Knirschen des Kieses, stumpf und verklebt im Regen, hell und quietschend bei Sonnenschein – seine Rechnungen auf diese schmalen Blöcke, wuselte er unter den Gästen, spielte Kellner und Oberkellner, – und malte noch abends mit Bleistift, auch Buntstiften, auf dieses graue stumpfe Papier. Heute wundert er sich, warum er nie Zeichnen gelernt hatte. Oder von dem Gekritzel nicht auf die ersten eigenen Formen und Umrisse gekommen war. Heute stellen doch seine Kollegen die ersten Produkte der Kinder sogar unter Glas gerahmt in einer Ecke des Wartezimmers aus. So auch er, eines mit seiner Unterschrift: Franziskas erster Engel 1980. Nur daran erinnert er sich, an den Kampf mit den Eltern um das Behalten oder Wegwerfen, von allem, was mit Papier zu tun hatte. „Wegschmeißen", hieß es offiziell.

Aus Trotz gegen das *Wegschmeißen* hütet er heimlich handschriftliche Blätter seiner letzten literarischen Versuche. Manchmal denkt er an Eugen Mahler, seinen ersten Analytiker, der in den engmaschigen graphischen Netzen dieser Seiten Material für seine Faltwerke hätte, wie sie heute nicht nur im Psychoanalytischen Institut hängen. Aneinandergeklebt könnten sie, von durchsichtigem Lack geschützt, als kalligraphische Tapete in einem professoralen Wartezimmer angebracht werden.

Der Patient spürte, wie ihn Wünsche wegtrugen in ein Feld des mühelosen Erfolgs. In diesem Fall hätte er dem Vater viel Papier vor die Füße legen können, keine Rechnungsblöcke oder „nur Bücher", wie dieser Ingenieur sich immer auszudrücken pflegte, sondern Geldscheine, lose und gebündelt. Dann wäre Friede, Schluß mit den Entwertungen. Wartet der Patient noch immer auf diese Stunde und bereitet sie insgeheim vor? Wer ihm seine verborgenen Hoffnungen aus dem Schreiben verwehren würde, riskierte Kopf und Kragen. Wenn ihn jemand nur auf seine Mühe hinweist, die unendliche Wortsuche, wird er gespannt, ärgerlich, hört nicht zu. Er wollte das nie analysiert wissen und seine klassischen Analytiker, der Methode treu, nur das vom Patienten als Konflikt Geäußerte anzusprechen, hatten darüber geschwiegen – wohl auch geblendet von eigenem kreativem Ehrgeiz, der sie uneingeordnet und unbegrenzt durchstrahlt hatte.

Wer dem Vater die selbst uneingelöste Großartigkeit nicht stellvertretend bieten, der Mutter kein krankes und beherrschbares Kind sein kann, wird sich nur schwer aus den unerfüllbaren Bindungen lösen können. Bitter dachte der Patient, er hätte mit achtzehn Jahren nach Südamerika auswandern sollen, mit der anderen Hälfte des zerrissenen Tischtuchs! Aber nur – um dort asthmakrank zu werden oder Ingenieur?

Der Adoleszent und junge Erwachsene tanzte später auf mehreren Hochzeiten des Wissenserwerbs, bewegte sich auf Reisen und versuchte zu lieben. Dazwischen sackte er ein, die Füße tief in einem zähflüssigen Lebensschlamm, er verstand nicht, wann und wie er sich so unter ihm auftat. Nur daß er müssen mußte, wußte er. Der unbewußte Daueranspruch quälte die Lunge – ermüdete endlich den Muskel, das Lid. Warum aber sollte er *müssen*? Sollte es ihm nicht gelingen, nur zu atmen, für sich zu atmen, mit den Fingerspitzen die Nasenlöcher zu erweitern, damit die Luft in den Kopf flösse, den unteren Atemraum eröffnete, damit im Erleben die Nieren und die Leisten durchströmt würden, bis der Atem Beine und Füße erreichte?

21

Ein Besuch bei seinen Eltern in Süddeutschland, beide hoch in den Achtzigern, kam ihm bereits seit mehreren Jahren vor wie ein *letzter Besuch*. Erleichternd spürte er den Abschied, mit kleinen Geschenken versehen, Wein und Marmelade. In ihrer Wohnung, auch in seinem früheren Zimmer und Bett, das frisch mit Leintüchern,

Bezug und Decke versehen wurde, stäubten, sowie die Fenster verschlossen waren, aus den übervollen Wäsche- und Kleiderschränken, aus altgewordenen Federbetten und eingetretenen Teppichböden die asthmaauslösenden Substanzen. Abends würde er die zähe, verklebende Atmung erleiden, hätte er das Spray nicht bei sich.

Die Mutter brachte zum Frühstück einen Aufstrich in zwei verschiedenen Festigkeitszuständen auf den Tisch: gekühlte und nicht gekühlte Butter. Die gekühlte reichte vielleicht nicht aus und die nicht gekühlte wäre besser zu streichen. Gewarnt, zögerte er. „Nimm, welche du willst," sagte die Mutter. Als die harte Butter bröckelte, sagte sie ihm: „Nimm lieber die weiche." Als er sein Messer wie in Trance hinüberleitete zu dem großen weichen Stück sagte sie: „Aber Du magst es doch lieber, wenn sie noch fest ist!" Er schaute sie an, lächelte, sie bemerkte es nicht. Aber sie erklärte, daß sie in der Küche noch mehr Butter habe, gerade erst in den Kühlschrank gelegt. Es würde dauern, bis sie fester ist, „aber wenn diese nicht reicht ..." Und als er, seiner Gewohnheit gemäß, die sie auch kannte, den geräucherten Schinken ohne Butter auf sein Brot legte, sagte sie: „Warum nimmst Du denn gar keine Butter?" Sein Atem würde stocken, wenn er nur könnte!

Der Vater am Abend, beim Essen. Unaufhörlich redete er von dem ICE-Zug, den er immer noch nicht auf das Foto gebannt hat, weil der Winkel, in dem er stand, ungünstig, die Brücke, von der der Winkel gut wäre, zu weit entfernt war, und weil der Auslöser aus der Nähe nicht rasch genug reagierte. Dabei griff er sich beidhändig Brot und Aufschnitt, erinnerte sich, daß es jetzt Nachrichten gäbe, die er in einer Stunde wieder sehen wird – wischte sich mit der großen weißen Stoffserviette, die er vom Hals losgezurrt hatte, die Hand, die nun die Fernbedienung hielt und stach mit ihr, als wolle er sie dadurch beschleunigen, auf und um den Kopf seines ihm gegenüber sitzenden, den Weg zum Fernsehen versperrenden Sohnes durch die Luft, bis der Ton aufschrie, der auf seine mäßige Schwerhörigkeit angepaßt war. „Aber der Helmut erzählt doch. Willst Du nicht ...?" sagte die Mutter. „Kannst Du nicht ...?" bat der Sohn. Der

Vater entdeckte, wie aus seinem hochgereckten Handgelenk die Serviette sich gefährlich dem mit einem Riesling gefüllten Stielglas näherte. In diesem Augenblick, es war der 13. Oktober 1990, kurz nach dem Attentat auf Innenminister Schäuble, der Vater mit Gabel, Serviette und ausgestreckter Fernbedienung befaßt, sah man auf dem Fernsehschirm für wenige Augenblicke den Bundeskanzler Helmut Kohl, auf Besuch im Krankenzimmer, gerührt und sprachlos, den Tränen nahe. Der Sohn hatte sich umgedreht und schweigend hingesehen, während das Familienessen der Eltern ungehindert und geräuschvoll seinen Fortgang nahm.

In dieser Stimmung, unverändert in ihrem Ablauf und nur geringfügig durch das Altern der Eltern verstärkt, blieb er bei ihnen wie gewohnt. Das Medikament verhinderte, daß er hustete, leicht zu würgen begann und die Spannung der beginnenden Atemlosigkeit zu bösen Bemerkungen führte. Er sah die beiden, die Mutter neben ihm, der Vater gegenüber, vereinzelt, gegeneinander sprechend, gemeinsam am Tisch, im mürrischen Hader vereint.

Seit Jahren gewohnt, in Gegenwart seiner Eltern mit dem Sprechen aufzuhören, wenn er nach dem dritten, ja nach dem zweiten Wort unterbrochen wurde, sprach er jetzt höflich und leise in das Tohuwabohu von Winkelproblemen, Eß-Empfehlungen und Fernsehnachrichten hinein, wiederholte auch bei dem üblichen Streiten sein nichtgehörtes, nur für sich selbst gesprochenes: „Hört bitte damit auf."

Was der Sohn über viele Jahre kannte, gewann dennoch neue Klarheit: Stündlich, auch die ersten Stunden der Nacht hindurch, hörte der alte Mann, dem alle Siebziger *zu alt* sind, Kriegsnachrichten vom Persischen Golf, lebte er wie von außen künstlich belebt. Er unterschied nicht zwischen Innen und Außen; wenn es *ihm gehört*, ist es ihm gleich, woher. Früher, als der Vater mit feinmechanischen Arbeiten für die Wehrmacht befaßt war, saß der Knabe vor dem Volksempfänger und addierte Schiffsuntergänge. Besorgte er für ihn, sich mit ihm identifizierend, ein Geschäft, ein Verbundensein in

Großartigkeit und Gefahr? Dann kam die gute Zeit, als die Lebensmittelknappheit den Vater dazu brachte, aus Metalltrümmern und unbeschädigten Teilen eine Ölmühle zu bauen, mit der im Rucksack und in Begleitung des damals zwölfjährigen Jungen er 1946 im Taunus von Lorsbach nach Langenhain wanderte, um für die Bauern gesetzwidrig Raps zu pressen, wovon er ein Zehntel für sich behielt. Tüchtig war der Vater auch darin, daß er sich Trester angeblich als Schweinefutter mitgeben ließ und zu Hause, in den beiden kleinen Räumen, wohin sie behördlich eingewiesen worden waren, mit enggestellten Düsen die körnige Mansche noch einmal mit großen runden Armbewegungen mahlte, wobei der Sohn, wenn er auch bald erlahmte, einige Runden selbst drehen durfte.

Schließlich die große Enttäuschung, die unter dem Wort *Butzenscheiben* symbolisiert und dauerhaft geworden war. In der Altbauwohnung in der Hanauer Landstraße, gegenüber der Firma, in der der Vater als Betriebsleiter fungierte, war das größte Zimmer nach dem Kriegsbrand zwar von dicken Bohlen durchzogen, die von unten mit Brettern vernagelt waren, deren Zwischenräume jedoch mit Sand gefüllt, also nicht betretbar waren. Oft hörte er dann die hochfliegenden Pläne des Vaters, wie dieses Zimmer nun eingerichtet werde als Herrenzimmer, mit verdunkelnden Butzenscheiben, Ledersesseln, einer Bar mit Hockern, Musikschrank und Spitztütenlampen am drehbaren Schaft. Der Sohn sah sich darin mit Fredi im Dämmerlicht, mit dem von dessen Vater vorübergehend entwendeten Bildband: Die Japanerin im Wandel der Zeiten, Sitte und Verfall. Der Vater redete, der Sohn machte Pläne mit ihm. Der Vater wußte genau, wie es würde. Er hatte alles im Kopf. Nach zwei Jahren lagen eine Reihe Querbretter im wohnungsnächsten Teil des Zimmers, Platz genug für Eingemachtes, eine Wäschetruhe, zwei Rollen Kabel und eine ausgediente Nähmaschine.

„Was hast Du gesagt?“ fragte der Vater. „Nichts habe ich versprochen. Das bildest Du Dir ein!“

Ohne es zu wissen, wollte der Sohn ein Vielredner werden wie sein Vater, nahm noch in der Schule zu Englisch den französischen

Sprachkurs und schrieb sich, nach dem Abitur, in der Volkshochschule für Spanisch und Italienisch ein. Noch bis in späte erwachsene Jahre übte er an demselben Lehrbuch, Methode Gaspey-Otto-Sauer 1951, um sich, wenn auch nur eine kurze Reise nach Südtirol oder Venedig anstand, in den Bedürfnissen des täglichen Lebens grammatisch einwandfrei ausdrücken zu können. Er liebte den Gebrauch des Konjunktivs und des Imperfekts und die italienische consecutio temporum, nach der das Konditional folgt: Se avessi avuto denaro, l'ho avrei comprato, ohne es je zu sprachlicher Fertigkeit zu bringen. Aber er las viel, von: *I promessi sposi* bis zu *Christo si è fermato a Eboli.*

Mit dem Vielredner vereinigt als Möchte-gern-Vielredner, empfing der Student von den Kommilitonen Unmut und Mißfallen, Kummer und Gram von der Mutter, die klagte und das alles ganz *unnötig* fand. Der Vater unterstützte Unterricht und gab gerne Geld. So ackerte der Sohn den ganzen *Don Camillo e Peppone* mit einer Genueser Lehrerin durch, die ihn anschließend zu seinem ersten Italien-Urlaub in die Familie nach Chiaveri einlud. Im übrigen hatte er ein stummes Sprechen für sich abgesondert, das eigene Schreiben; den Kurzgeschichten folgten bald seine Jugendbücher über Abenteuer und Reisen.

Der Patient wunderte sich, wie lange er das triebhaft monomane Reden seines Vaters für Stärke, Überblick und Klugheit gehalten hatte, und er begriff spät, für manches zu spät, daß dieses Reden nicht auf ein Gegenüber gerichtet war, zum Erweitern, Vervollkommnen, zu Anderem und zur Korrektur, sondern nichts als reine *glückliche* Triebabfuhr bedeutete, Selbststärkung, Selbstvergrößerung, Rausch. Wurde der Patient deshalb zum Zuhörer, zum Analytiker – der gleichwohl zu oft einen Satz zuviel spricht?

Damals hörte dem Vater selbst die Mutter manchmal zu, wie umflossen und eingewoben in seine Wörter, bewegt und dann ohne Gram. Vor allem, wenn sie in *Gesellschaft* waren, wie er es nannte, in der Gemütlichkeit der Vielen. Dort präsidierte er sprechend, dominierte mit viel Witz gegen Abwesende und sogar Anwesende, die sich dies, weil sie eher sozial niedriger gestellt waren, die Damen kichernd, die Männer laut lachend, gefallen ließen. Dreimal wurde der Vater aus leitenden Positionen, jeweils nach einem Urlaub, mit beträchtlicher Abfindung ohne Begründung entlassen; ebenso oft fand er, in feinem Anzug und mit bestimmter Rede, eine nur unwesentlich geringere Stelle und arbeitete sogar einige Jahre über sein Pensionierungsalter hinaus.

Als ob der Patient noch immer nicht glauben, als ob er nie innerlich für wahr halten könnte, was selbst die einfache Beobachtung erbrachte, fragte er Heinz, der seinen alten Vater bei einem kürzeren Besuch kennengelernt hatte: „Warum kränkt ihn die kleinste Unterbrechung, ist er nach jeder auch nur geringfügig durchscheinenden Kritik von Wut gepackt?“ Die Antwort von Heinz: „Der Rausch seines Primärvorgangs wird für ihn schmerzlich unterbrochen, weil sich bei diesem kleinsten Hindernis der *Trieb staut* – und sofort den *stärkeren* Affekt braucht, um ihn abzuführen.“

Das Wort des Freundes wirkte eher enttäuschend als befreiend. Der Patient hatte angenommen, die Kränkungsbereitschaft seines Vaters sei durch das falsche Wort des Sohnes, das beziehungsbezogene Wort ausgelöst worden. Statt dessen redete er über alle hinweg – und zurück zu sich. Die Mutter wollte acht Kinder, der Vater keines.

Der Sohn sollte jetzt lieber die Wirklichkeit begreifen, sich fühlen wie der Stein, über den der Vater stolperte und den er dafür wütend wegtreten mußte. Dem Stein macht es nichts aus.

Was der Sohn von diesem Vater übernommen hatte oder was von ihm in ihn eingedrungen war, spürte der Patient nach der Analyse, nachdem er seinem Therapeuten ganz dringend eine Szene hatte erzählen müssen, die er durch eine zweite überlagert und um eine dritte bereichert hatte – als er wie entleert und ohne Deutung aus der Stunde hatte ziehen müssen. Er erinnerte sich auch an den ersten

Analytiker, der, von einer rauheren Sorte, ihm gesagt hatte: „Können Sie das Wasser halten?“

Bei Dr. P. lernte er, sich selber zu fragen, bevor er sprach.

22

In einer hellsichtigen Stunde bestätigte sich der schlimme Verdacht, er habe über weite Strecken der Erziehung Gesine und Franziska, seine Mädchen, mit seinen Eltern verwechselt. Denn wenn sie sich zankten, kniffen, schrien oder übel beschimpften, wurde er von der Vorstellung besetzt, ein verjüngtes Abbild dieser Figuren heranwachsen zu sehen. Wiederholte sich dort der unerträgliche, vernichtende Streit? Er zog sich imaginäre Geräuschklappen über die Ohren, wollte nicht mehr zur Gesellschaft der Streitenden gehören, lieber Gehörloser werden oder einem Verein der Entschieden-Friedfertigen beitreten. Auch später änderte sich wenig. Aus blöder Schwester wurde doofer Lehrer, die Fäkaliensprache schien zu siegen. Er wunderte sich, daß seine Frau Marianne dies mit großer Gelassenheit verfolgte und er redete so mit ihr, daß sie schließlich nicht mehr mit ihm redete, er unter den Ohrenklappen auch noch bittere Miene zeigte.

Ablenken, andere Spielthemen anbieten, den Affekt sich ausleben lassen und anschließend Gemeinsames suchen, das waren pädagogische Richtigkeiten, die auch er anzuwenden glaubte, bei ihm aber wirkungslos verpufften. Wenn die beiden Mädchen auf den Rücksitzen des Autos innerhalb ihrer Gurte nur hopsten, sich um Puppe oder Bär piesackten oder lauthals nach mehr Bedienung schrien, sagte er sanftmütig: „Bitte seid ruhig.“ Das wiederholte er auch gelegentlich, lauter: „Bitte hört damit auf!“, um schließlich zu erklären, er würde nicht mehr weiterfahren, wenn es so bliebe. Das tat er auch, fuhr an den Straßenrand und siehe, es wurde ruhig. Leider sagte Marianne: „Du brauchst es auch nicht immer gleich so radikal zu machen!“

Wenn vom Mittagstisch die Katze nicht verschwand, und die besoßten Spaghettistraßen aus der zentralen Schüssel nach langem gekrümmten Lauf bis hinein in den Teller führten, wenn mit den Fingern gelegentlich Muster geschmiert wurden, während vor dem Haus der Sandkasten mit allem Zubehör wartete, für vorher und nachher, sein *„Bitte hört damit auf!"* verklungen war und nun nur noch „Kein Widerwort" übrig geblieben wäre, dann begann er plötzlich und regelrecht zu weinen, jammerte und ließ ein leises, *„das halte ich nicht mehr aus"* folgen. Er ging vom Tisch, kam wieder, aß wenig. Später erzählten sie einmal Lea, als sie in Hamburg zu Besuch und allein bei ihr waren, ganz ruhig: „Das machte uns nichts, wenn wir zu laut waren, fing er immer zu weinen an."

Gut, daß sie als Kinder eine Mutter hatten, die anders war als er.

Gut auch, daß er die Grundphantasie *krankes Kind ist gutes Kind* nicht auf sie erstrecken mußte, daß er vom Sandessen und Pfützentrinken zwar oft erschrocken war, jedes Klettern auf die obersten Querzweige der großen Gartenfichte trotz Herzklopfen aber begrüßt hatte, und nur die endlosen Kinderschnupfen mit übertriebener Sorge hatte verfolgen müssen.

Eines Sommermorgens lud er eine Kinderschar von gerade Dreijährigen ins Auto, um in das Gartenhaus eines mit seiner Frau befreundeten kinderlosen Kollegen zu fahren, da das eigene Haus umgebaut und vergrößert wurde. Es gab beinahe ebensoviel Spielkram wie Kindervolumen. Kaum gestartet, kehrte er um, weil eine Schaufel zu wenig mitgekommen war. Durch die Stadt ging es unter fröhlichem Gebrauch vieler Nuckelflaschen und erwartungsvollem Gezeter. An den Auslagen vor dem letzten Lebensmittelgeschäft entdeckten, sie Äpfel. „Wir wollen Äpfel haben!" hallte ein Schrei. Er bremste. Tatsächlich, die grasgrünen Früchte wurden akzeptiert, die Redevorhänge von hinten rieselten nur noch, statt dessen Beißen, Kauen und ein großbrockiges Schlucken, das wie Rülpser klang.

Dort gab es Sand, Sonne, Bänke, Schatten, Bäume, Gebüsch, Kieselsteine und sogar eine Quelle sprudelnden Wassers. Das Spielzeug quoll aus dem Kofferraum, unzerbrochen gelangten Limonadeflaschen den steilen Treppenhang hinunter. Aber dann kam Gesine auf ihn zu, schrie, ein entsetzlicher Ton des Vorwurfs: „Du mußt zurück, die Eimer fehlen!" Er stand wie zu Stein oder Eisen erstarrt, einen Augenblick vor einer ungeheuren und endgültigen Entladung. Gesine aber sah ihm fest in die Augen, trat einen Schritt zurück und wies mit ruhig ausgestreckter Hand, die Handfläche erhoben, jedes Wort, jeden Schlag von sich ab und erklärte mit dem ernsten Ausdruck und der bedachtsam hellen Stimme einer Sechzehnjährigen: „Nein, Papa, sei ganz ruhig. Du kannst wirklich in Deinem Buch lesen. Wir legen uns Blätter in die Blumentöpfe, das sind dann die Eimer."

Sprachlos, ohne Tränen und ohne Jammern, nahm er die Lösung entgegen.

Ob Gesine und Franziska, jahrelang, ein ihm nicht bewußtes Jammern abbekommen haben, aufsaugen mußten und deshalb von ihren Affekten so oft überwältigt wurden, daß sie gleich aufschrien, Ungerechtigkeiten sahen, sich benachteiligt fühlten?

Über lange Zeit hatte Gesine keine richtige Freundin und etikettierte die meisten anderen als doof und unzureichend. Wenn sie eine heitere Geschichte erzählen wollte, lachte sie dabei ununterdrückbar so stark, daß sie schwer zu verstehen war. Wenn sie den Gebrauch von Joghurt-Bechern aus Plastik anprangerte, waren die, die daraus löffelten, wie Verdammte. Manchmal ist ihm nicht gut, wenn er in dem allen eine Karikatur seiner selbst erkennt.

Zäh ist Gesine, putzt heute dem Bauern Kühe, fünf Mark pro Stück, reitet und singt, treibt eingehende Beatles-Forschung und lernt, in den ihr wichtigen Wörtern ein Liverpool-English vom Cockney und feinstem BBC zu unterscheiden. Franziska, jünger, freundlicher und runder, wartet ab, worin die ältere Schwester Schiffbruch zu erleiden droht, trollt sich davon und sucht sich Eigenes.

23

„Lieber Helmut – ein Regentag steht bevor, das finde ich gar nicht schlimm. Es lockt nichts nach draußen, kein Baum *muß* in seiner hingebungsvollen Schönheit aufgenommen werden von meinem Auge. Statt dessen, nachdem wirklich *alle* Spuren des Festes – einschließlich der Flecken beseitigt sind, darf ich wieder ans Schreiben. Heute noch, nachmittags, *meine Heiligen*; ab morgen bis einschließlich nächste Woche die *Geschichtsvermittlung in der Familie*. Über meinen Geburtstag höre ich Echo, Nettes, Fragendes: wer war das? oder: was hast Du nur für nette Freunde! Ich antworte: Fünfzig Jahre lang sorgfältig gesammelt (und gepflegt; das letzte sage ich nicht, denn *ich* werde ja auch sorgfältig gepflegt!); ich bin so *dankbar*. Du glaubst es kaum, für *diesen* Reichtum und die Ehrlichkeit, die ich genießen kann: Keiner, keine darunter, mit dem oder der ich berechnend und abhängig umzugehen habe. Was ich wesentlich und wichtig finde, ist eben die Sorgfalt, das Anerkennen der Kostbarkeit, des Preziosen.

Ich weiß nicht, ob Du meine Gefühle da so verstehen kannst. Ist aber nicht schlimm, wenn nicht!

Dir danke ich sehr für Deine schönen Geschenke, für Deine Bemühungen und Gedanken um mich. Ich bin in Gedanken oft bei Dir, versuchend, Dich in dem gewiß sehr schweren Prozeß des nun nocheinmal versuchten Selbst*findens* nur durch Auch-Dasein zu unterstützen.

Wenn Du magst, können wir einander am Wochenende sehen. Falls Du hierherkommen magst, schlage ich vor: Mit Frank und Alexa? Nach Rostock oder Rügen? Falls ich zu Dir komme: Theater in Kassel oder Göttingen, „DDR" (nun endlich haben die Anführungsstriche Sinn ...). Sei heute lieb umarmt von Deiner Lea."

Sonntagnachmittag, klarer heller Himmel über dem nur mäßig von Joggern besuchten Auepark. Schneidender Wind unter einer grellen, wie wärmelosen, niedrig stehenden Sonne. Vermummte

Kinder füttern Enten. Morgen haben sie alle Schnupfen, und die Mütter wundern sich.

Lea im leichten braunen Cashmere-Mantel, graue wehende Haare, es soll keine Tageswanderung werden. Bei ihm zu Hause Kastanien, Käse, Rotwein, die kleine Idylle.

Er assoziierte *Sowjetunion*, wo der Wind herkam, Kartoffelernte, jetzt Frost. Er entwickelte seine Gefühle für Menschen: *hoffentlich* wurde genug geerntet, sonst wäre es *zu spät*. Er dachte an die Zeitungsberichte über *die riesigen Ernteverluste*. Er berichtete das Lea, kniete sich in eine Art Humanität und Solidarität, die zwar keine Kartoffel mehr aus der Erde brachte, aber ihm ein Gefühl gab, das er kannte und wertschätzte. Sie sprachen auch über die Einladung bei den Analytikern vor zwei Wochen, wo Lea einen ihr fremden Ton gehört hatte. Er versuchte, ihn ihr zu erklären, was ihm schwerfiel, da eine ihm nicht sichtbare, ihn durchtönende Gestimmtheit erst deutlich werden mußte, um sich von ihr zu distanzieren. *Die Welt wird immer schlimmer*, könnte ein Leitmotiv lauten. In Uganda verfallen die Dörfer, die Erwachsenen sind an Aids, die Säuglinge am Hunger verstorben, Kinderhorden haben sich gebildet, um andere zu berauben und um an bereits abgeernteten Feldern nach Resten von Maniok oder Jam zu graben. Wenn über Kinderzeichnungen debattiert wurde, die gerahmt und farbenfroh an Treppenwänden hinauf zu Jugendlichen- und Elternschlafzimmern führen, über die so begabten Kids, die nun bald auf Kunstschulen drängten, klagte man über den Markt und den Unverstand der Menge. Ein hoher Funktionär gar sprach in seinem Landhaus anregend von den *jetzt schweren Zeiten für die Psychoanalyse*. Die Reisen im Camping-Bus durch die Südsahara würden, so der Bericht eines anderen, gefährlicher von Jahr zu Jahr. Am Ende jedoch, nachdem alle das Jammertal offensichtlich begrüßt und ausgiebig durchschritten hatten, trennte man sich befriedigt.

Lea aber hatte in seiner Klage über die Kartoffelernte in Sibirien etwas ihm Unsichtbares gesehen: „Du meinst, heute entstehe das Unglück und willst daran teilnehmen, aber dieses Jahr ist es wie jedes Jahr. Auch diesmal gibt es Knappheit im Winter, und ebenso wird die Sache geschaukelt wie in jedem Winter. Niemand von den Bauern verhungert, und auch nicht die Städter. Weißt Du, wieviele *Grotesken* es bei dieser jährlichen Kartoffelernte gibt! Vermutlich lachen mehr Menschen dabei, als daß sie darüber weinen."

Er zuckte mit den Schultern, eine Flut von ins Gedächtnis fließenden Meinungen seiner Mutter erreichte ihn, Blicke, Tonfall, bis hin zu der Formel, die wie eine Aufmunterung klang: „Wie schlecht sind die Zeiten!"

„Begreifst Du, was da geschieht?" fragte ihn Lea.

Der Patient wird sich das öfter vorstellen müssen, bis er begreift. In sein Tagebuch schrieb er einstweilen: Über die Fehleinschätzung, meine depressive Haltung sei immer Mitschwingen, Humanität, ein Zeichen verstehender Kultur.

24

Bis zur letzten Stunde der Analyse blieb es unverändert und ausnahmslos, daß der Patient vor seinen Freitagssitzungen unruhig schlief und, wie er berichtete, sich in einem wechselnden Wach-Schlaf-Gebilde befand, das bis auf die klare Grenze des Aufstehenmüssens alle Zwischenstufen des Wahrnehmens, von Traum, Tagtraum, bewußten Vorstellungen und Tagesplänen ununterscheidbar enthielt. Im Therapieraum bemerkte er, daß die Stühle mit den roten und grauen Polstern vertauscht waren, wohl von der Putzfrau verwechselt. Auch habe sie die kleine Blattpflanze auf dem Glastisch zwischen ihnen ein wenig nach vorne gerückt, so daß der Patient sich etwas vorbeugen mußte, um den Analytiker zu sehen. Außerdem schien eine Uhr, über deren Zifferblatt aus ornamental bemaltem Holz die beiden dünnen Zeiger immer zu zittern schienen, in ein tieferes Regal gestellt.

Alle Beobachtungen aber, machte ihn sein Analytiker aufmerksam, waren unrichtig. Obwohl der Patient an derselben Stelle saß, hatte er seinen Blick geändert, die Sessel vertauscht. „Sie brauchen eine Unwirklichkeit, um die Wirklichkeit zu bestehen", sagte der Analytiker.

Der Patient erinnerte Aussprüche Leas: „Du sagst, Du hättest seit sechs Monaten keine Zeile Wissenschaft mehr geschrieben, dabei hast Du vor drei Wochen mit Frank auf dem Ausflugsdampfer davon geredet. – Wenn Du auf der Autobahn müde wirst, siehst Du Elefantenherden quer über die Autobahn ziehen, Rüssel an Ringelschwanz, bist mitten im Zirkus. Wenn Du sie mir eingehend beschreibst, sehe ich sie auch."

Diese zeitlichen und räumlichen Verschiebungen, die von minutiösen Fehlbeobachtungen bis zu groben Veränderungen reichten, entsprachen inneren Fehlwahrnehmungen. Je nach Blickwinkel konnte der registrierende Verstand andere Zusammenhänge erkennen. So erwartete der Patient immer wieder das, was er *Leas Abschiedsbrief* nannte. Er meinte, vorhersehen zu können, was er nicht hätte abwenden können. Diese Annahme, mehr oder weniger bis in Bewußtes reichend und im Tagesablauf an die verschiedensten Vorkommnisse geheftet, erzeugte ein Gefühl der Unsicherheit und Bedrohung, signalisierte Paranoides und, ins Biologische gebracht: Angst.

Diese definierte Dr. P. in Zusammenarbeit mit seinem Patienten: Jeden Tag mußte die Mutter eines Soldaten vor Stalingrad 1943 annehmen, daß ihr Sohn heute fällt. Kommt dieser Tag und sie erfährt es durch die Feldbehörde, weiß sie, sie habe es gewußt. Der Patient aber, weil nicht vor Stalingrad, hätte Tag für Tag wissen und *verhindern* können, daß Lea oft mehr hergab als sie erhielt, daß ihr Seelenkonto durch ihn ins Debet gekommen war. Nur wenn er in seiner Traumwelt blieb und nicht mit Ohren hörte, konnte er sich später in tragischer Pose äußern: Ich habe es geahnt, doch nicht ändern können! Seine vorhersehende Einfühlung, seine magische Kraft ist ein Größenwunsch, einer, der auf der Erde gar nichts bewegt und außerdem, wie Lea in den letzten Wochen gesagt hatte, *leider Gottes*, auf Zerstörung ausgerichtet, nicht Rettung.

Erst in der häufigen Wiederholung war dem Patienten aufgefallen, daß der Analytiker kurz vor Ende der Sitzung dem Patienten angeboten hatte, die Stunde zu beenden, wann *er* wolle, wann *er* den Eindruck habe, es für heute damit belassen zu können. Dr. P. hatte ihm die Zeit zurückgegeben, aus der regressiv-fließenden die punktuell-stehende, die Entscheidungszeit, die der Veränderung. Diese wenigen Minuten, die sich der Patient nahm – er bemerkte auch, daß eine Dame in einer Nische des Korridors offensichtlich auf ihre Stunde wartete – reichten aus, um seine Ich-Konfiguration wiederherzustellen.

Auch für seine eigene Berufstätigkeit zog der Patient Gewinn: Ist es nicht besser, die Regression und die Magie seiner Phantasien zu benennen, als sie unendlich zu *containen*? Im sprachlos Aufbewahrten lagern sie ab, verfestigen sie sich, gewinnen Wirklichkeit. Jedenfalls war ihm der eher antiregressive Zug einer niederfrequenten Therapie bekömmlich.

Zurück auf der Autobahn fühlte sich der Patient ausgesprochen wohl, wie hirngereinigt, und dachte daran, daß die nur innerliche – und dort großartige! – Dauersorge für den anderen, dieses tiefgefühlte, triebgefühlte, triebgefüllte *Ich für Dich* allein wenig bedeutete, und daß mit der Behauptung der großen Liebe Besitznahme und Ausbeutung nur um so leichter zu bewerkstelligen sei, weil sie sich nur an inneren, unwirklichen, selbstbefriedigenden Vorstellungen vollzieht.

25

Entgegen Professor Pottvogels Vorhersage blieb sein Organ Lunge trotz Absetzens aller Medikamente funktionstüchtig. Der Pilzbefall, das Räuspern hatten sich Woche um Woche verringert, waren dann später nicht mehr wahrnehmbar gewesen. Der Patient achtete weiterhin darauf, sich nicht lange in rauchigen Lokalen aufzuhalten, vermied frisch gestrichene Flächen – auf die er nun wie zufällig häufig stieß – staubige Räume, auch die Nähe der von den Mädchen zärtlich gebürsteten Katzen sowie Federkissen jeder Art. Seine Atembeobachtungen, auch die Middendorfschen Übungen auf dem Hocker, auf den Zehenspitzen, an Nasenwandungen verloren an Interesse. Er empfand, er atme rauher, aber Heinz bestätigte, er höre nach außen keine Atemgeräusche.

Beim Übertragen des Tagebuches erkannte er, daß er vor allem eine Darstellung wiederholt aufgeschrieben hatte, die von der Mutter und ihrer Enkelin: „Du mußt aber immer *an mich* denken," hatte seine Mutter in ihrem Schlafzimmer zu Gesine gesagt, als sie ihr das wenig geformte Steingut-Kätzchen übergeben wollte. „Du mußt das Kätzchen aber immer liebhaben," hatte der Satz zuvor gelautet. *Du mußt für mich*, das ist die Botschaft – und das gegenständliche Objekt wird eingesetzt, um die Botschaft unkenntlich zu machen, zur Erleichterung und Ablenkung: Denn warum soll das Kind nicht ein weißes Steingutkätzchen liebhaben, das in der Herde der Glas-, Fell-, Ton- und Stofftiere auf einem Bücherbrett schnurrt?

Hatte es also früher geheißen: Du mußt für mich atmen? Für mich und meinen Bruder, der mit neunzehn Jahren an Tuberkulose gestorben war? Die Mutter muß sehen können, wie das Kind atmet. Bewegt sich das Kind außerhalb dieses sichtbaren Bereichs, folgt ihm die Mutter durch eine ingeniöse Erfindung: Ich bin in deinem Körper!

Der Patient stellte sich vor, alle verliebten Männer müßten mit Ihren Müttern, in persona oder in effigie, beim Therapeuten erscheinen und analysiert werden, bevor sie das scheinbar neue Objekt aus alten Mutterrollen entlassen können zu einer geachteten und geliebten Person. Vom Urvater Freud ausgedacht und inszeniert, dafür ist er dankbar.

Es gab eine Absprache zwischen ihm und dem Analytiker, daß dieser während der Therapie Notizen machen konnte. Obwohl der Patient es selber nicht so praktizierte und sich gewöhnen mußte, den Therapeuten, mit dem er gerade, auch länger, geredet hatte, ernst und eine Spur verschämt über dem Papier schreibend zu sehen, spürte er, wie ihn das beruhigte.

Schreibt er auf, was ich sagte? *Muß* er das?

Er registrierte es jedoch anders: Das schreibt mein Analytiker *für sich* auf, ich sehe nicht hinein, ich kann es nicht erraten, ich erfahre es nicht, ich brauche nichts von alledem. Er ist *Er*.

Dennoch ein Zweifel: Ob er durch die Betonung, *mein* Analytiker, die Distanz wieder zurücknahm, er besser formulieren sollte, es ist *der* Analytiker, der da schreibt? Wenn er den Therapeuten jetzt in seiner Gegenwart, trotz seiner Gegenwart *ruhig schreiben sehen* konnte, hieß das, aus der Anspannung entronnen zu sein, einer müsse den anderen überwältigen. Jetzt sah er sich gelassen um. Was kommt mir in den Sinn, was will ich reden?

Der Analytiker hatte ihm auch mitgeteilt, und er verwendete dafür das Wort *toxisch*, wann ihm das Hören nicht guttat: Bei der Verkennung der Gegenstände in seinem Raum, den Elefantenherden über der Autobahn, bei den sich aufeinander türmenden sprachlichen Episoden, bei der gelegentlich stockenden Unaussprechlichkeit, die auf unbewußte Schuldgewißheit hinwies und von wahrnehmbarer Denkschwäche begleitet war. „Dort fühle ich mich bedrängt“, sagte der Therapeut.

Der Patient beobachtete auch, wie der Analytiker ihn wahrnahm und im Nachsinnen verblieb. „Ich bin bei Ihnen“, sagte der Analytiker, oder „ich weiß nicht, ob mir das guttut. – Ich werde es Ihnen sagen.“

Toxisches, Nebenwirkungen, das Maß der Vergiftung in den Beziehungen ahnen – Aufgaben genug für den Patienten.

So war es nicht selbstverständlich, sondern eher überraschend, wahrzunehmen, wie sehr eine Last im Patienten abnahm, ihm eine Bemühung wie das Schwimmen gegen die Strömung weniger notwendig wurde. Selbst die Vorstellung, daß seine Eltern, obwohl sonst uneins, sich auf die Beherrschung ihres Knaben geeinigt hatten und notfalls auch vor Giftgaben nicht zurückgeschreckt waren, auch die Gewißheit, wirklich allein gewesen zu sein, ohne Geschwister, so gut wie ohne andersdenkenden Verwandten, ohne andere überhaupt, bekümmerte ihn weniger, als daß sie ihn befreite.

Ein Einfall, eine rasch wahrgenommene Erinnerung fügte sich zu Sätzen: Frankfurt 1941. Im Parterre des vierstöckigen Mietshauses wohnen rechts und links vom Eingang zwei pensionierte, unverheiratete, übertrieben schwarz- und rotgeschminkte bleiche Lehrerinnen. Durch diese hohle Gasse mußten alle Jungen kommen, die ihn besuchen wollten, und die Damen, die außer ihren Papageien niemanden hatten, traten gebieterisch aus der Tür: Wo willst Du hin? – Zu Helmut. – Der ist nicht da.

Oben saß er mit seiner Mutter am Tisch. Der-ist-nicht-da, wie ein heller chinesischer Name. Er wußte es auch damals, sprach mit der Mutter: „Du irrst Dich", sagte sie. „Sicher ist niemand dagewesen." Die anderen also hießen nicht Fredi, Heinz, Kurt, sie hießen *niemand*. Nur Lotti von oben, vierjährig, kam herunter, einige Doktorspiele nicht missen wollend.

Sein Vater nannte, soweit sich der Patient zurückerinnern kann, alle Jungen *Peter*. Später befragt, hatte er erklärt: „Ich behalte keine Namen." Wie hießen wohl Mädchen? Kein Vorname kommt dem Patienten in den Sinn.

Verwundert bemerkte der Patient, wie er seine Einstellung zu den Therapiestunden allmählich verändert hatte. Kostbar, weil nur einmal wöchentlich, aufwendig durch die Fahrtzeiten, nicht auf lange Dauer angelegt, verwandelten sie sich zu einem Ort, der vorher unbestimmt war, offenstand, den er wie keinen anderen mit seinem Selbst bewohnen durfte. Er ertappte sich bei der Frage: Wie wohl darf ich mich heute fühlen? Zur Sicherheit, damit er keine Konvention verletzt, formulierte er es deutlicher: In meiner Therapie bin ich einer, der nichts wollen muß. Ich gehöre zu einem neuen Typ des Patienten: der Patient will nichts.

Er lachte, als er darin die Umkehrung des vereinspolitischen Motivs, weiterhin hart umkämpft, wie ein Echo vernahm: Der Analytiker will nichts.

Von der Lunge, seelisch gepflegt, keine Beschwerden.

26

Geplagt aber wurde er von Zahnschmerzen, recht plötzlich, wie ihm schien. Gerade jetzt, am Anfang des Wintersemesters, die Hörsäle überfüllt und als allerneueste Attraktion das Stühleschleppen der Studenten, die Gänge verstopft, großartig, in dieser um Stühle erweiterten Universität lehren zu dürfen! Jetzt also war es besonders ungünstig, dumpfes Drücken im Oberkiefer zu spüren. Wenn auch nicht ein ihm persönlich zugedachtes Unglück, so doch eines, das ihm in dieser ungünstigsten Zeit zugemutet wird!

Also doch ein Angriff auf seine narzißtische Unversehrtheit, auf die er einen Anspruch hat? Unruhe, Ärger, er schnappte nach Luft, obwohl er Atem genug besaß. Er hätte fuchteln können vor Wut, nahm aber Platz und dachte nach. Wäre dieser bohrende Kieferschmerz besser in der kenianischen Masa-Mara-Steppe aufgetreten, die er vor einem Jahr mit Lea und den Siegls besucht hatte? Oder in den kostbaren Stunden, als er intensiv an den Freud-Studien las, schrieb und korrigierte?

Nie sind sie recht. Das ist *normal.* Aber diese Normalität wollte er nicht anerkennen, lebte doch lieber in einer mißtrauischen Gestimmtheit (*das mir!*) und spürte, welche Energie er im Kampf zwischen seinen Größenansprüchen (*mir nie!*) und deren Niederlage vor einer übermächtigen Kraft (*gerade dir!*) verbrauchte. Das größenbehaftete Kind kämpft gegen die Eltern-Realität, das Kind verliert.

Er erkennt es, es bedrückte ihn trotzdem, die Zahnschmerzen waren übel – und blieben später auch für seine Analyse wichtig.

Am 16. und 17. November bestand er zwei kleine Beziehungs-Prüfungen. Für andere absurd einfach, haben sie für ihn großen Realitätswert.

Gesine wollte mit Franziska und deren Freundin Cora am Nachmittag ins Kino gehen. Der Vater fuhr sie hin. Franziska wollte ohne ihre Schwester mit Cora allein, Gesine hingegen mit beiden. Der Patient dachte über Lösungen nach: Entweder Gesine geht in die Abendvorstellung mit ihm oder mit ihrer Mutter oder einer eigenen Freundin oder verschiebt das Lichtspiel auf einen anderen Tag. Keine der vier Lösungen wurde akzeptiert, Franziska blieb dabei: Ich und Cora! Die Zeit drängte, der Vater und die drei Mädchen im Auto, zwei stiegen eilends vor dem Kino aus. Gesine und er stumpf im Stau der Innenstadt. Neue Lösungen: „Ich begleite dich in den Kaufhof, wo du den Hufteer für Mikado bekommst oder ich fahre dich nach Hause oder ich esse mit dir Eis." – „Nein." – Sie wollte weg, sie verließ ihn an der nächsten Kreuzung mit einem dünnen „Tschüß." Allein im Auto, dann in seiner Praxis. Dort hatte er Zeit, bis die Analysen begannen. Ein zerrendes, zitterndes, nasses Herzklopfen bewegte ihn, wenig gestaltet, er nannte es Angst. Es war in ihm und blieb in ihm. – Abends rief er seine Frau an. „Nein", sagte sie, „nichts ist passiert, alle drei Mädchen sind wohlbehalten zurück. Warum denkst Du gleich, es müßte einen Unfall gegeben haben?" Auch ihm war nichts passiert. Früher hätte er mit den Mädchen geschimpft oder geweint oder über das Unverständnis der Welt geklagt oder wäre in Atembeklemmung erstarrt.

Anderentags las er einen kurzen Brief Leas, in dem sie empfahl, die Freud-Studien in der damaligen Fassung nicht unter Kollegen zu geben. Zuvor hatte er mit Marianne vor kaltem Huhn und geschmacklosen Pommes Frites in der Kantine des Rathauses gesessen, weil sie *absolut* keine Zeit hatte, um ihm in der Scheidungssache, die nicht sie betrieb, eine Unterschrift für den Rechtsanwalt zu geben. Sie benutzte die Gelegenheit, um anklagend und fordernd über Geld zu reden. Danach der lange Abend des eigenen Symposions *Zur Geschichte der Psychoanalyse*. Ernst Federn steif und gebeugt, wortgewandt und überzogen, sprach, *Freud-und-ich*, selbstverständlich, dann, in gleicher gehobener Diktion, *mein Vater*, was nicht allein der Veranstalter schwer ertrug. Später saßen sie alle im Rauch der überfüllten Pizzeria del Popolo angeregt vereint: Neuigkeiten und Gerüchte, Großsprecherei und carpaccio, Soave classico und freundlicher Austausch von Projekten, kleine Beleidigungen empfindlicher Art. Der Patient hatte sich von Leas Brief am Morgen sofort gekränkt gefühlt, sie nehme ihm etwas weg, spiele Vater und Mutter zugleich, verbiete seinen Text. Er las den Brief noch einmal und blieb bei dem Satz, den er zuvor überlesen hatte: „... sonst bist Du angreifbar und holst Dir von allen Deine Prügel ab!“ Wie oft mußte er durchatmen bis er begriff, daß sie *für ihn* sprach, für einen guten, glänzenden, widerlegungssicheren Text?

Unruhe und Unsicherheit; keine Lungensymptome, keine.

Dritter Teil

27

Im Joch. Dabei war die Idee der Reise gerade während einer kleinen harmlosen Fahrt entstanden, auf den langen, schmalen Alleen der thüringischen Straßen in hessischer Nähe, an einem Spätherbstnachmittag, bereits grau und düster, auf dem Weg, um bei Goethens in Weimar zu sein.

Hatte er nicht oft geklagt, seine Weihnachts- und Neujahrstage wären zu sehr von starren familiären Ritualen durchsetzt gewesen, wodurch das Feiern auch ohne Kirche und großes Brimborium so etwas wie ein Abarbeiten bedeutet hätte? Lea kannte einen Ort, den sie *seit langem* bereits besuchen wollte: Chartres. Überdies hatte eine französische Kollegin sie eingeladen, über diese Tage in ihrer Wohnung in St. Cloud zu leben, dreißig Zugminuten bis zur Gare St. Lazare. Viele Heilige, wie die Namen bezeugten, für Lea gerade genug. Er ahnte, es sei ein großes Geschenk an ihn; er nahm es mit beiden Händen und teilte seinen Kindern und der Noch-Ehefrau eher leichtfertig mit, er werde an den Feiertagen nicht anwesend sein, was recht gleichgültig bestätigt wurde. Auch in der Analyse fiel diese Reise nicht auf, eine Unterbrechung, die sich in der Norm halten würde.

Etwas aber war vom Patienten unbedacht geblieben. Als er Anfang Dezember sein Vorhaben deutlicher kennzeichnete, erschraken Gesine und Franziska, wüteten ein kurzes Nein, verloren dann rasch ihr garstiges Gehabe, vor dem er immer zurückschreckte, wurden weich, wie er gerne mit ihnen geredet hätte, und danach traurig, wie er es rasch herzzerreißend empfand, und baten ihn dazubleiben. Beeindruckt und gerührt, doch bald kompromißbestrebt, schlug er telefonisch vor, die Reise um wenige Tage zu verschieben, „... auf kurz nach Weihnachten", wie er sagte.

Später fragte sich der Patient, warum er das, was er hätte beobachten, begleiten, wissen und auch abändern können, unbeachtet am Weg liegen gelassen hatte. In den nächsten Tagen jedenfalls versuchte er, wenn auch durch die SOS-Briefe seiner Freundin, durch Kindergespräche und die Analyse gebeugt und genötigt, das Unbegriffene wenigstens an seinen äußeren Umrissen zu erkennen, sich daran zu binden. Was verworren und gleichzeitig geschah, hielt er in Sätzen fest, die Zeile um Zeile einander folgten, und damit eine Vernünftigkeit annahmen, die sich nicht in der Wirklichkeit fand.

Seit Wochen bereits laborierte er an den Zähnen und schob weitere Arztbesuche hinaus, *weil es Vorlesungszeit war* und vor allem, weil es *seine Empfindlichkeit sei*, die ihm Dr. Bosch einmal nahegelegt hatte. Denn einmal, als das Narkosemittel vorzeitig ausgeschwemmt war, hatte sich sein sportlich betonter Zahnarzt mit einem frohen „das haben wir gleich" mit dem Bauch so auf seinen Bauch gelegt, daß der Patient Schmerz nur durch das Zappeln der Beine ausdrücken konnte. Später war eine Brücke angelegt worden, die aber zog und drückte. Natürlich ging er zu seinen Terminen, schluckte Aspirin, das kleine Wundermittel, jammerte nicht vor seiner Freundin, sondern berichtete ihr. Besser wurde es nicht. Schließlich spielte sich unter der Brücke etwas ab, auch im Unterkiefer gegenüber, wozu sein Dr. Bosch zunehmend mit einem „da ist nichts" reagierte und weitere Schmerzmittel verschrieb. Der Patient harrte aus, ohne weitere Gedanken, in der gefährlichen und falschen Ansicht, sein Dr. Bosch müsse es schließlich wissen, und *Empfindlichkeiten* kannte er wohl, bei sich und anderen. Bis der Schmerz in einer Vorlesung so knallte, daß er notfallartig seine Sekretärin mit einer ihm bis jetzt unbekannten Zahnärztin telefonieren ließ, deren Adresse er vor einigen Wochen schon – shame over him! – von einer Lehranalysandin über die Couch erfahren hatte. Er hatte sich nicht freiwillig entschließen können, den Zahnarzt, den er länger als zehn Jahre kannte, zu wechseln. Das verbot sich aus Gründen, die zu der ihm gewohnten und unantastbaren Formulierung geführt hatten: *mein* Zahnarzt. Frau Dr. Schönhals legte ihn auf ihren neuesten sanften hydraulischen Stuhl, untersuchte, röntgte und nannte es eine *Bescherung*. Diese brachte sie binnen gut zweier Wochen zur Schmerzfreiheit und in den nächsten Monaten zu einer angemessenen Sanierung. Warum aber, so nachträglich, hatte er seine Mädchen noch mit bohrenden Zahnschmerzen nach Dortmund zum Starlight-Express gebracht, mehr *Fahrer als Vater*, wie Lea bemerkt hatte? Waren die Berichte vom Schmerz nicht die Verschiebung vom sich verbotenen Jammern?

Manchmal klagte er störrisch vor sich hin: Warum-kann- ich-nicht-besser? Die Auflösung in den Aussagesatz: Ich-kann-eben-nicht besser, befreite ihn nicht. Er fürchtete sich, von einem inneren, in sich geschlossenen Dauerklagen, von Mutterimagines durchsetzt.

Letztes Jahr hatten die Mädchen für die Weihnachtsferien einen Pferdeurlaub geschenkt bekommen, ihr Vater hatte sie, weil in Holstein gelegen und er ohnehin nach Hamburg fuhr, dort hinbringen wollen. Zwei Tage zuvor bekam er eine veritable Grippe, wie aber sollten sie ohne Bahnverbindung zu diesem Hof gelangen? Es schien *keine Frage*, daß er fuhr; ab Hamburg übernahm Lea seinen Part und der Patient bemächtigte sich des Bettes, wo er länger als eine Woche geblieben war. Einen Arzt wollte er nicht, auch keine Medikamente. Er glaubte, er fühle sich recht bedürfnislos wohl, dagegen hatte er auf Lea mürrisch und abweisend gewirkt. Aufmunterndem Sprechen wurde er nur allmählich zugänglich. Schließlich holte er seine Mädchen ab und kehrte zur Arbeit zurück: „Den lieben Herrn Professor habe ich ganz blaß und gebückt gesehen", hatte eine ältere Nachbarin Lea gesagt. „Ich wollte schon fragen, ob er etwas braucht." Er nämlich war steif und verstockt zu einem Delikatessenladen gegangen, um dort, obwohl Obst im Hause, frische Feigen zu kaufen. Damals verstand er das Paradox nicht, bei seiner Freundin krank zu *bleiben*, obwohl er dachte, bei ihr sofort zu gesunden. Als dann der asthmatische Anfall mit dem Krankenhausaufenthalt mitten im schönen Sommer gekommen war, hielt er das, weil ohne Grippe, für eine andere, erste Erkrankung – ein eigentümliches Ausblenden sowohl der zeitlichen wie der inhaltlichen Abläufe, da beide unter die Definition *das kranke Kind* hätten gebracht werden müssen. Heute erinnerte er sich an seine Zeitverwirrung vor einer Analysestunde und ahnte die weitaus weiterreichende Bedeutung.

Peinlich lang wurde der Katalog der Versäumnisse, um es einmal moralisch zu benennen. Der Patient hatte die Reise nach Chartres wegen der traurigen Kinder nur um drei oder vier Tage *verschieben* wollen und dabei nicht bedacht, ja völlig *vergessen*, wie sehr seine Freundin *seinetwillen* auf die alljährlichen Familieneinladungen verzichtet hatte und sie nicht rückgängig machen wollte. Die Zeit *vor* dem Dezember hätte gut genutzt werden können, um seine Mädchen auf die Weihnachtspläne vorzubereiten.

Der Patient bemühte sich nun, alles unter einen Hut zu bringen, Vorlesungen, Zahnarztbesuche, Analysanden, Vereinssitzungen, seine Therapie, eine abgekürzte Familienweihnacht mit Kindern und Noch-Ehefrau, *und* die Reise nach Chartres, für die er ein ecclesiastisches Fachbuch namens „Die Kathedrale – Magie eines Grundrisses“ kaufte und an Lea schickte. Er nannte das *Kompromiß* und spürte, auch in der Gegenwart seines Therapeuten, daß ihm nichts anderes übrig bliebe, als dies durchzustehen oder eine große Katastrophe herbeizuführen. Ein Brief seiner Freundin, die ihm dringend Erleichterungen empfahl, weniger den Kinderchauffeur zu spielen, wofür prinzipiell auch andere Väter geeignet wären, mehr Haushaltshilfe für seine Praxis-Wohnung anzunehmen, da dafür bereits Claudia von seiner Frau angestellt war, weniger Kaffee und Alkohol wegen der Zahnheilung zu sich zu nehmen, sich im Verein vertreten zu lassen und Erholung auch innerhalb des Arbeitstages zu finden, blieb, wenn auch gelesen, folgenlos.

Schließlich kündigte sie das Spiel auf: „Wegen Chartres sage mir bis spätestens zum Abend des 16. Dezember Bescheid, damit ich gegebenenfalls auf die Bahn buchen kann. Keinesfalls will ich Dich ausbeuten als Fahrer!“ Er telefonierte, daß er sich besser fühlte, es mit seinen Mädchen regeln und zum geplanten Zeitpunkt verfügbar sein werde. Es schien ihm *ausgeschlossen*, sie mit der Bahn reisen zu lassen – als ob er sie reisen *ließe*, obwohl sie ausdrücklich erklärt hatte, sie *wolle* mit der Bahn reisen! Und anschließend würde sie, *undenkbar*, ihre so wichtigen Tage allein in Chartres verbringen, wo sie, *verlassen*, Stunde um Stunde sinnierend nur zu dem einen Schluß kommen könnte, ihn *endgültig* zu verlassen. Aber: wer verläßt wen? Wer schließt wen aus – und wer schließt wen ein? Er war nicht in der Lage, solche Vorstellungen festzuhalten, panikartiges Denken schloß aus, geordnet umzusetzen, was vernünftig vorlag. Immerhin hatte er sich zusätzlich seinem Freund Heinz anvertraut, der ihn in den Realia begleitete.

So also befahl sich der Patient die notwendige Gesundheit, die anderntags in schnell ansteigendes Fieber mit Schüttelfrost umschlug. Um keine Zeit zu verlieren, fuhr ihn Heinz nach Ladenschluß zur nächsten diensthabenden Apotheke, wo sich der Patient eindeckte mit Schlafsaft, Penicillin, einem Bronchodilataticum und Schleimverflüssiger nach einem selbst ausgeschriebenen Rezept. Nur das Cortison, nichts für Akutfälle, hielt er unter Verschluß. Danach: Baden, Wärmflasche, aufgedrehte Heizung, Unterhemd und Schlafanzug. Es darf nicht werden wie im letzten Jahr; er verschweigt seinen Zustand. Allerdings hatte er einen Brief seiner Freundin erhalten, den dritten bereits, in langen, ausfahrenden Schriftzügen. Wie selbstverständlich beruft sie sich auf das letzte Jahr, nennt es einen neuen Zerreißpunkt, ist unglücklich, hilflos.

Wochenende, der erste, und der zweite Tag. Montag, der dritte, er hat sich krank erklärt, am vierten geht es ihm besser. Am fünften beginnen die Ferien. Er sagt seinen Mädchen und seiner Noch-Ehefrau die Weihnachtszusage wieder ab. Notlügen, Bitternis, er könne nicht anders. Sein Analytiker, wach und erschrocken, bietet ihm telefonischen Beistand über die Ferientage an. Der Zettel mit der Telephonnummer, der sprachlichen Erreichbarkeit, rückt in der Brieftasche an wichtige Stelle. Von Chartres aus wird er ihm nach einer Woche die Postkarte mit den Neujahrsglückwünschen schicken.

Nachträglich diese Vorgänge bedenkend, war sein erstes Gefühl: Du hast Glück gehabt. Es war nicht zur vollständigen Wiederholung der Situation vor einem Jahr gekommen. Die plötzlich einsetzende fiebrige Grippe hatte sich nur andeutungsweise in einen Bronchialspasmus verwandelt. Er brauchte kein Atemspray außer unter alten federstäubenden französischen Plumeaux, die auch Nicht-Allergikern das Kribbeln in die Nase getrieben hätten. Er erinnerte sich an einen Satz für Lea, der ihm in den Tagen vor der Reise eingefallen war, den er sich oft wiederholt und in dem er Erleichterung gefunden hatte: *Ich gebe Dir das Geschenk zurück, das zu groß für mich ist.* Ihm schien, als habe er damit wenigstens *eine* Wicklung aus jener vielschichtigen Bindung des Wickelkindes aufgerollt, in der er sich oft unwissend befand.

28

„*... bis daß das Thema schreit*“. Seine Freundin hatte ihm drei Briefe rasch nacheinander geschrieben, einen auf weißem, der zweite auf rotem Papier in deutlich größerer Schrift, den dritten mit Kugelschreiber auf einem schriftabstoßenden, wie gewachsten Blatt, dessen Lettern in Anstrich und Auslauf wie unregelmäßig gepunktete Linien aussahen: Ihr Schrei!

Seine damals dreizehnjährige Tochter Gesine hatte ihn an dem heißen Abend im Aue-Park vor den Augen der befreundeten Mädchen-Mutter Christa laut angefallen, ihre Abrechnung: Ich wollte *nie* in die Schule, zu *allem* hast Du mich gezwungen! ins Ohr geschrien und seinen ersten Asthmaanfall bewirkt.

Der Vater schrie, als er das Verbot des *Widerworts* ausstieß. Der Sohn hörte bereits das Geräusch des leinenen Tischtuchs, den schrillen, ratschenden Ton, als ob es eben zerrissen würde.

Erst der schreiende Schmerz über die jetzt unerträglichen Zahnbeschwerden in der Vorlesung über die *Grundzüge des Narzißmus* hatte ihn nach wochenlangem Ducken und Aushalten zum Wechsel des Zahnarztes getrieben. Vermutlich hatte er damals geschrien, als es in der Zinkwanne verbrühend heiß war, die Lungen trotz des Keuchhustens gebläht, und die Luft gellend durch die Stimmbänder getrieben. Die Mutter hörte erst auf ihn, so stellt er es sich vor, als der Schrei des Kindes von den Wänden zurückkehrte und alles ausfüllte, was an gemeinsamer Luft zum Atmen vorhanden war. Und hatte er nicht die eiserne Lenkstange seines Dreirads unter grobem Gequietsche in das Furnier des Buffets gerammt, es ausgebrochen und abgeschliffen?

War er, über die Wörter der Großmutter vermittelt, nicht der *Zorngickel*, der stampfte und Ameisen zertrat oder weit weglief über die Wiesen, bis er aus Menschenmangel umkehren mußte?

Schließlich: Schreien auch Dinge, der Teppichboden vor Flecken, der Kofferraum des Autos vor spitz eingesplinterten Strohhalmen, den Resten des Ballens für den Hasenstall, der Elektroherd wegen verkrusteter Platten, die Wollschals über Mottenlöcher und ein Hemdärmel, der in den eisernen Bügel eines Samsonite-Koffers gequetscht wurde?

Hört er erst dann, wenn es der Tag vor Doomsday ist?

Wenn er jetzt nicht hört, kann er es bleiben lassen. Er ist gewarnt, auch gedemütigt, er fragt sich, sicherlich durch die Liebesbeziehung zu seiner Freundin regressiv erschüttert, durch die analytische Therapie gereizt und bewußtseinsintensiviert – er fragt sich, vom Beruf und Lebensalter abgesehen, wann er sich selbst ist, nicht nur abgeleitet aus den Erfahrungen der Kindheit. Er gesteht sich zu: Ich bin kränker, als ich dachte. Er bittet sich, doch soviel wie möglich er selbst zu sein und das Mißlingen, für das er wissend und unwissend so vieles in Bewegung gesetzt hatte, wenigstens in einer Frage vorab zu definieren: Gibt es für mich kein Liebesverhältnis, ohne ein *krankes Kind* zu sein?

So begab sich der Patient auf die Reise.

29

Ein Professor begleitet seine Reisegefährtin; diese begleitet ihn. Paris lindert. Die Objekte lindern.

In der dritten Etage im ersten Saal des Musée Gustave Moreau schwebt liegend auf Jupiters Oberschenkel der weiße Körper der Semele, die Wunde an ihrer Seite noch rot, durch die sie gerade Dionysos geboren hat. Die Hälfte des Bildes dem Himmel und den göttlichen Insignien gewidmet, führt Moreau über stehend schlafende weibliche Engel, die Flügel in Schmetterlingsart nach oben gefaltet, hinab in die Unterwelt, an deren Übergang ein bärtiger, schwarzgeflügelter Pan wacht und melancholisch den Blick zu den nächtlichen Gestalten senkt, die sich verkleinernd, vervielfachend aus ungeschiedenen, pflanzenhaften, gliederbewegten Ungeheuern bis zu rätselhaften weiblichen Wesen, deren Brüste glänzen, aufsteigen, brodeln, ineinander verschmelzen und sich auseinander erheben.

Während Moreau an dieser Leinwand arbeitet, beendet Freud seine Studien über Hysterie. Einander unbekannt, signiert der um eine Generation ältere Maler sein Werk mit dem Bildnis Freuds, das hell aus dieser Unterwelt leuchtet: Das Gesicht der grünäugigen Hekate, deren starres, neugieriges und unerschrockenes Auge, das die Barmherzigkeit des Lidschlags nicht kennt, die Nacht erhellt und sie erkennt.

Einfühlender der Blick einer jungen Mulattin, die vor der Maison de Balzac schräg nach oben aus ihrer Box für Eintrittskarten die beiden touristischen Besucher anblickt: „Seniorenticket?"

Auf der winterlich kahlen, nur von wenigen, wie es schien, verkehrsberuhigten Autoschneisen durchschnittenen Esplanade des Invalides, so groß, daß die neuvergoldete Kuppel des Domes sich auch dem entgegengehenden Schritt nicht wahrnehmbar näherte, sagte der Patient seiner Begleiterin, was er bei seinem ersten Studienaufenthalt vor vielen Jahren auf diesem Platz empfunden hatte: Als ob an allen Rändern der in schmalen Rechtecken wie Kartenblätter angelegten Flächen jeweils das Ende der Welt erschiene und er hinabfiele aus der Stadt. Obwohl er sich geographisch auskannte, das Musée Rodin zur Rechten und vor ihm die Seine erkannte, sogar wußte, daß ihre Brücke zum Ausstellungspalais und den Champs-Elysées führte, kam er nicht gegen diesen Platz an. Wenn er hinabblickte, war der Rasen arm und spärlich, einzelne, oft angetretene Büschel aus braunschmutziger Erde, wie Kämme, in denen sich die Bonbonpapiere und Billets verfangen hatten und im Wind bebten. Auf festem Trottoir klebten seine Schritte. Blickte er nach oben, so waren Stämme, Zweige und Laubwerk zu weit voneinander entfernt, zu dünn, sogen die Kraft aus ihm. So gut hatte er sich doch damals von seiner Mutter trennen können, studierte allein in Paris, doch völlig unerkannt war damals ihre Botschaft, die er hatte mitnehmen müssen: Du *bist nur*, wenn Du *mit mir* bist. Seine Begleiterin heute aber war berauscht trotz des nieselnden Regens, umspannte den Platz mit Augen und Ohr, vergrößerte sich durch ihn. Du mußt mich halten, damit ich nicht wegwehe nach Virginia Woolfs Up-and-away.

Von Osten kommend erhoben sich in einem gelben, überhellen Himmelstreifen, nach Regen und vor der Dämmerung, aus bereits erhöhtem Grund die ungleichen Türme der Kathedrale von Chartres. Weit und wellig ist die Ebene, die zu der Stadt führt. Seine Begleiterin erinnerte sich an die Dichter ihrer Bildungszeit, Rimbaud und Baudelaire und sagte, daß sie beim Lesen wie Heilige aus dem Boden wüchsen, sprächen, ihre Botschaften aus *allen* Zeiten abgäben und nur versänken, wenn sie, die kleine Leserin, sich auf der Fläche eines Bettes zum Schlafen ausstrecken wollte. Unberührt und ungerührt wären die Dichter wieder auferstanden, wenn sie sie riefe. „Als ich lesen konnte, war ich gerettet“, sagte sie, „ich lernte, herauszulesen, was darin für mich stand, über so lange Zeiten hinweg alles für mich. Ich war nie mehr allein." Der Patient spürte diesen Reichtum und erinnerte sich schmerzhaft, daß vieles, das er sich in der Zeit angeeignet hatte, da er sich von den Eltern entfernte, so wertlos war, nur *Gekritzel* und *Quatsch*. Auch wenn er später von Thalassa berichtete, von den xenophonischen Griechen, die endlich ihr Meer wiedersahen: „Sprich nicht beim Essen!" In rasender Eile hatte er dann gelernt, sich wie ein Omnivore die Welt herangeholt, durch Lesen und Reisen. Nicht selten konnte er dabei aber die Welt nicht halten, sie fiel ihm weg, er war über die Ränder des Platzes gestürzt.

Der Silvesternachmittag war regnerisch und warm, die unter Straßenlaternen schwarzglänzenden Fassaden und überfüllten Straßen wurden von böigen Winden bestrichen. Die Dame, die er begleitete, streifte *für sich* über die gedrängten Bürgersteige, blickte in die Auslagen der Geschäfte, begab sich in diese und jene Dämmerung einer Kirche, während der Herr an der Ecke des Boulevards St. Michel und dem gleichnamigen Quai in der zweiten Reihe hinter den großen Frontscheiben des Cafés saß. So eng war er mit den anderen verbunden, daß er sich vorstellen konnte, die Gehenden draußen betrachteten die Sitzenden drinnen ebenso wie jene in der Windstille an den kleinen runden Tischen, diese Äußeren. Die großen polierten Fenster, nur schmal eingefaßt, verbanden diese beiden Menschenaquarien, in denen es wimmelte von Gesichtern, Schritten und den verfliegenden Fetzen des Gesprächs. Er dachte sich zu den Gestalten, ging unter ihnen, abgegrenzt als er selbst, sorgfältig vermeidend, sie anzurempeln oder mit ihnen zu verschmelzen. Er erinnerte sich, wie ihn vor dreißig Jahren, häufiger in der überfüllten Métro als in einladenden Cafés, diese Menschenüberhäufung bedrängt und gleichzeitig als Menschenmangel aus sich herausgesaugt hatte. Heute erschienen ihm alle belebt, sich selbst wichtig, eigenständig in ihren Bedürfnissen und Geschäften und auch mit anderen und ihren Zielen verwoben. Wenn er wollte, konnte er näher an sie herantreten oder sie aus größerer Entfernung betrachten. Er fühlte sich sehr wohl.

Sie hatte ihrem Reisebegleiter inzwischen eine braune Baskenmütze gekauft; sofort aufgedrückt, leistete sie etwas gallische Verwandlung.

30

Zum Jahresanfang, wie es der Schüler vor langer Zeit getan und der Professor es ihm nachgemacht hatte, stellte er auch als Patient Maximen auf. Er möchte gern einige Gehirnareale, deren Zellen und Synapsen er besetzt, verklebt oder ausgeschliffen durch endlos gleiche Benutzung erlebte, freibekommen. Er wollte ein eigenes emotionales Gleichgewicht erreichen, das weniger der Zufuhr durch andere bedürfte, die Berufsirritationen herabstufen, nur mittelbar wahrnehmen und seine Durchlässigkeit verringern. Aus Paris zurück, nach gemeinsamen nächtlichen Blicken auf die Porta Nigra in Trier, fühlte er, wie er sich Wünsche hatte erfüllen können, meinte auch, sein Therapeut habe gut über ihn gewacht, die Objekte blieben bestehen, drängten sich genügend dicht an ihn, so daß sie in guter Reichweite blieben.

Therapiestunde am Freitag. Der Patient versuchte, Symbolisierungen zu finden, die bis in das Konkrete reichen: Das Organ des Atmens, das *allein* dem Kind gehört und deshalb ohne den Namen eines anderen bleiben soll, wurde durch die Benennung: „Ich habe Angst, daß Du an der Lunge stirbst!" *auch* zu dem der Mutter. Damit wurde es in fremden Besitz genommen und der sprachlichen Auseinandersetzung unterworfen, aus der ursprünglichen und unsprachlichen Autonomie herausgenommen. „Dir steckt die Hand der Mutter in der Lunge", der wiederholte Ausspruch einer Literatin, Lea.

Von dieser *Lungenwelt* nur Gutes. Beschwerdefrei ohne Medikamente, pilzfrei, ohne morgendliches Räuspern, ohne die allabendlich gespürten Einschränkungen. Ob der Patient die Sensibilisierungen, die Erfahrungen der Landschaft seiner Lunge, deren Atemflüsse er anatomisch lokalisieren und suggestiv wie auch motorisch nicht unbeträchtlich lenken konnte, wieder zum Vergessen bringen soll? Dazu rät ihm der Therapeut.

Eine letzte Attacke traf ihn im Frühjahr nach einem großen Fest der Analytiker, in einem vielkammerigen Fachwerkhaus, dessen Zwischenwände entfernt worden waren, so daß die Räumlichkeiten einer vergrößerten Schänke entstanden waren. Ein Puppentheater war im ersten Stock aufgebaut und alte Trachten hingen, zum Berühren nah, offen an Schrankwänden. Truhen überall, in deren Fugen die verdauten Holzbrösel einschließlich der vergifteten Holzwürmer lagerten, Stoffe, in denen die Hornsplitter und Eischalen der abgetöteten Milben und Motten verwesten, überall Staub, von feinsten organischen Fasern durchmischt. Gegeben aber wurde dieser Abend von einem neuen Mitglied der analytischen Vereinigung, dem ersten Lehr-Analysanden des Professors, der sich hier „der Patient" nennt. Ein Abschied also.

Zu viel fremde Hände in ihm, nicht nur die der Mutter? In der folgenden Sitzung fühlte sich der Patient vor seinem Analytiker eine halbe Stunde lang taub und wie ohne Gefühl. Deutlich nahm er wahr, wie er von Wirklichkeiten besetzt ist, die er lebt, braucht, auch *will*, die ihm als Wörter jedoch nicht gegenüberstehen, sondern mit ihm verschmolzen sind. Später fühlte er sich warm und bewegt, erzählte und ist *mit* ihm, dem Analytiker. Zurück an seinem Schreibtisch fragte sich der Patient, ob bereits das Interesse, selbst die Wohlgestimmtheit des Analytikers in ihm ein Eindringen befürchten ließ, das nur mit einer Entwertung enden könnte. Da die Lungenwelt nicht beeinträchtigt wurde, wandte der Patient sich der *Denkwelt* zu und forschte, wie er die fremde Besetzung erkennen und an ihr rütteln könnte. Immer wieder erinnerte er sich an den Satz seiner Mutter, der ihn lebenslang begleitete, die Kommentierung am Abend jedes Festes, jedes Wochenendes, jedes schönen Tages, der Ausdruck tiefster Gewißheit: *Jetzt ist Ostern* (Pfingsten,

Weihnachten, ist Dein/mein Geburtstag) *wieder vorbei*. Ob etwa die Formulierung, die sich ihm in letzter Zeit als Bezeichnung seiner geleisteten Tagesarbeit eingestellt hatte, die Formel: *Heute habe ich wieder Alles geschafft*, darüber hinwegtäuschte, daß die Beziehung zu seiner Welt in Stereotypien erstarrt war, daß sie trotz der inhaltlich positiven Wendung ebenso wie der Satz der Mutter die Vergeblichkeit anzeigte? Denn was wird morgen sein, was war gestern? Dieses Heute wurde zu einer verschwindend kleinen Einheit der Zeit, die ethische Entlastung des Jetzt wirkte nicht in die Zeiten hinein. Er sah in alte Dilemmata: Ich habe, aber wann *bin* ich? *Alles* – wozu alles? Im *Geschafft* entdeckte er Doppeldeutigkeit und den Anflug einer Fehlleistung: Ich bin geschafft, weil ich geschafft habe. *Wieder* und *wieder*: Hand in Hand mit der Mutter im Jammertal.

Wie müßte er sich verändern, um auf seine Welt duldender, pathischer zugehen zu können, daß er die Objekte nicht an sich reißen muß, sondern ihr Erscheinen beobachten kann, ihr unhörbares Nachwachsen – und sich von ihnen begleiten läßt, wie er sie begleitet?

31

Die Schritte waren winzig, bewegten sich im *Zauderrhythmus*, wie ihn Freud beschrieb. Am 17. Januar 1991 begannen die Bombardements des Golf-Krieges. Es gelang ihm in der Regel, nicht mehr als die täglichen Nachrichten zu lesen oder im Fernsehen zu verfolgen. Er arbeitete mit den Patienten, gab Vorlesungen und Seminare, sah seine Töchter, erfuhr von ihren Pferdewünschen, brachte Gesine zum Kieferorthopäden, hörte auch vom schulischen Alltag. Er lief einmal die Woche im nordhessischen Hügelland, absolvierte weitere Zahnarztbesuche, schrieb nahezu täglich seine Notizen und folgte der Analyse. Er schrieb keine Briefe und führte kaum Telefonate.

Er verbrachte ein Wochenende in Hamburg. Die Elbe führte Eisschollen, die in der Breite des Flusses Geschwindigkeit nahmen, in der Gegenströmung sich langsam drehend aneinanderrieben, schabende, glucksende Geräusche. An der Uferböschung verkeilten sie sich lautlos: intime Szenen.

Hätte der Patient einen unsichtbaren Begleiter, würde dieser an ihm wenig erkennen. Er würde seine quälenden Mittagsmüdigkeiten nicht in ihrem Ausmaß spüren, nicht die emotionalen Vorsichtsmaßnahmen, nur die nötigsten Abendverpflichtungen einzugehen, die Ansätze der Atemverkürzungen nicht registrieren. Hätte dieser Begleiter Einblick in die Träume des Patienten, so fände er sie im Zuschnitt der Wunscherfüllungen, auch Polanski-Filme mit Nuditäten.

Er las Fachliteratur, arbeitete an seinen Freud-Studien, suchte und überprüfte Zitate. Er vergewisserte sich seltener, ob er den Tag *be*standen oder *über*standen hatte. Aus der Schulzeit, aus jenem Umschlag von bedrückter Passivität und erregtem Lesen, erinnerte er sich an *Die Sonette an Orpheus*, blätterte und las ein Gedicht, das er früher ausgelassen oder überlesen hatte, das jetzt lesbar wurde und doch in den Wörtern soviel Atemwiderstand bot, daß er eruierte – schließlich doch lebenslang ein Mediziner! – ob Rilke die grandiose Erweiterung des Atems in Meer und Wind aus einer Bekanntheit mit der Verhärtung der Lunge, aus asthmatischen Symptomen also, hatte entstehen lassen. Es wunderte ihn, wieviel Zeit er brauchte, um dieses Gedicht auswendig zu lernen, mühelos nach außen und innen sprechen zu können. Neunundsechzig Wörter:

ATMEN, du unsichtbares Gedicht!
Immerfort um das eigne
Sein rein eingetauschter Weltraum. Gegengewicht,
in dem ich mich rhythmisch ereigne.

Einzige Welle, deren
allmähliches Meer ich bin;
sparsamstes du von allen möglichen Meeren, –
Raumgewinn.

Wieviele von diesen Stellen der Räume waren schon
innen in mir. Manche Winde
sind wie mein Sohn.

Erkennst du mich, Luft, du voll noch einst meiniger Orte?
Du, einmal glatte Rinde,
Rundung und Blatt meiner Worte.

Wie in telepathischer Antwort schrieb ihm die Gefährtin aus Hamburg – denn sie wußte bis dahin nicht, daß er bald jeden Abend an diesen Zeilen übte – am Beginn ihres langen, handschriftlichen Briefes, den sie unterzeichnete mit *Sei umarmt von Deiner Lea* dieses Rilke-Zitat: „Wir haben, wo wir lieben, ja nur dies: einander lassen; denn daß wir uns halten, das fällt uns leicht und ist nicht erst zu lernen."

32

Ein Freudsches Rätsel hatte sich in seinem Tagebuch festgesetzt, war in der Analyse jedoch unerwähnt geblieben. Allein und mit sich verfolgte er vor aller inhaltlichen Enträtselung die Spuren seiner mehrfachen *Determinierung*. Sicher bewunderte er die Heiligen und Dichter, die zu der *kleinen Lea* gesprochen hatten. Er wollte sie auch für sich. Während der Reise mußte er die Objektbeziehung zu seinem Analytiker in äußerlich nichtkommunikativen Vorgängen erhalten. Zurück in Kassel drehte sich das in Gang gesetzte Schwungrad weiter. Noch einmal die Schulzeit, seine wohl immerwährende Verwunderung, *wie er vom Stillstand zur Bewegung gekommen war*, vom Heimaquarium sozusagen zu den Meeren, in das rasende Lesen. Es war die Übergangszeit vor der ersten längeren psycho-sexuellen Beziehung, um es karg zu formulieren, mit Felicitas. Noch immer erstaunte ihn diese fast nach Wochen datierbare Änderung in seinem achtzehnten Lebensjahr, vorher und nachher, nach langer *Grundstörung* wie der Ansatz zum *Neubeginn*, wie es im Vokabular Michael Balints definiert wird. Vor allem, so seine letzte Hypothese, wollte er sich aus Gründen der Abwehr *und* Ichhaftigkeit mehr dem Denken hingeben, einer Sicherheit, die den Affekten standhielt. Denn Seelensucher war er ohnehin, seelenlösende Substanzen suchte er. Ein lateinisches ‚a' am Ende ist ebenso oft ein weiblicher Nominativ Einzahl wie ein sächlicher Nominativ Plural, von den ‚ae' ganz zu schweigen, die ein weit vielfältigeres grammatisches Leben aufzuweisen haben. Was er fand, waren die Carmina des Horaz, die alte zweisprachige Tusculum-Ausgabe. Nicht er, so entscheidet der Mythos des Passivs, habe den Text gefunden, sondern er habe sich aufgedrängt, unschuldig las er. Er fand die in Bleistift eingezeichneten Versmaße, manche wörtlichen Übersetzungen. Er hatte erwartet, sie seien wie trockener Puder längst verwischt. Seine Schrift: klein, lesbar, sehr mit seiner heutigen verwandt, runder. Er blätterte, blieb an der elften Ode des ersten Buches hängen. Von Tochter Franziska lieh er sich den *Kleinen Stowasser* aus.

--- v v -	/ - v v -	/ - v v - v v
Tu ne quaesieris,	/scire nefas,	/quem mihi, quem tibi
Finem di dederint,	/Leuconoe,	/nec Babylonios
Temptaris numeros.	/Ut melius,	/quidquid erit, pati -

Vokative und Konjunktive, die Grammatik erbaut den Text: Anrufung, die wie ein Befehl klingt, Brechung, die aus der Wirklichkeit Möglichkeiten macht. Leuconoe, Du mögest nicht danach suchen, fragen, streben, Tu ne quaesieris. Kein indikativisches Sollen und Müssen. Scire nefas, Wissen ist Unrecht, ja Frevel; es klingt wie nach Aufforderung zur Magie. Gewiß haben die Götter bereits das Ziel, das Ende, den Tod bestimmt, Dir und mir getrennt. Neugierig mögen wir sein und es mit den babylonischen Zahlen, der Astrologie, den Rechenkünsten versuchen. Das ist nutzlos.

Aber gilt dem Versuch nicht ein Lächeln der Nachsicht? Denn der Text singt auf dem nächsten, langgezogenen Vokal: Ut melius, quidquid erit, pati: Es zwitschert, wo sich doch unser Schicksal entscheidet, Kindervokale in Latein, wie-wie-wird-es-sein, für die transalpinischen Provinzen dunkler formuliert zu einem was-auch-immer-geschehen-wird. Wir können eben nur zwitschern, wenn wir nach der Zukunft fragen – und duldsam sein, wenn sie uns erreicht. Ernst, ganz ohne Pathos, steht das Erdulden da. Dessen gewahr zu werden ist besser, melius, es klingt wie miel, Honig.

--- v v -	/ - v v -	/ - v v - v v
Seu pluris hiemes	/seu tribuit	/Juppiter ultimam,
Quae nunc oppositis	/debilitat	/pumicibus mare
Tyrrhenum ...		

Ob Jupiter nun viele Winter zuteilt oder nur einen – ist nicht immer hiems in uns, der weibliche Winter des Horaz? Passiv betrachten wir, wie das Tyrrhenische Meer sich gischtig an den Felsen zerschlägt, sie ermüdet, zerreibt, debilitat. Wenn wir vielleicht einmal selber das Meer waren, jetzt sind wir debil, schwach, ein mongoloides Kind ist debil.

--- v v -	/ - v v -	/ - v v - v v
... Sapias:	/vina liques	/et spatio brevi
Spem longam reseces.	/Dum loquimur,	/fugerit invida
Aetas ...		

Sapias – Du mögest klug sein, Du mögest einsichtig sein. Es ist gut für Dich, daß Du das Denken um Dich herum ausbreitest für Dich. Leuconoe. Sie ist die Frau mit dem weißen Verstand. Leuco-noia. Auch eine eu-noia, eine wohl-verständige Frau?

Vina liques: Kläre die Weine, ehe Du sie trinkst. Seihe die trüben Stoffe aus, lasse den Wein durchsichtig leuchten, verflüssige ihn, damit er nicht harzig vertrocknet. Berauscht werden wir werden, bald im Größenwahn taumeln. Auch dorthinein soll und mag das kluge Denken reichen, die Rückbindung zu unserem anderen Sein. Sonst sprießen wir voreilig wie schlaffe Wintertriebe und erfrieren jämmerlich. Die lange Hoffnung, spem longam, unsere Hoffnung auf Ewigkeit, sollen wir zurückschneiden auf das uns kurz Gegebene, spatio brevi, ob Raum oder Zeit.

Loquimur, wir sprechen; dum, während; wir sprechen, solange wir sprechen. Die Tautologie flüstert: „Sprich!“ Dieses ist unser Sein, das Geplauder vor dem Einschlafen, die schlaferzeugenden Wörter, wie die des ersten Erwachens. Im *dum loquimur* wehren wir uns gegen die unverständliche und böse Macht, gegen das neidische Kind, den argwöhnischen Bruder, die mißgünstigen Alten, die *invida Aetas*.

- v v -	/ - v v -	/ - v v - v v
... carpe diem	/quam minimum	/credula postero.

Kurzsichtig, kurzzeitig, wie wir sind, bleibt uns nur der Tag. *Dies* aber ist ein mächtiges Wort. Stolz faßt ihn Rilke: „... für einen Tag voll Weite, Glück und Wind“. Genug ist, zu wissen, daß es diesen Tag gibt, in dem wir sind, in welchem „... draußen Blumen rufen“ – und die Weine funkeln. Dort mag es imperativisch hergehen: diesen langen Tag zu pflücken, *carpe diem*, den fromme und sauertöpfische Lateinlehrer zu einem „Augenblick“ degradieren mußten. Doch: Credelus, credula, credulum. Sei kein Kind, das gutgläubig dem Brummen des Bären vertraut.

--- v v -	/ - v v -	/ - v v - v v
Tu ne quaesieris,	/scire nefas,	/quem mihi, quem tibi
Finem di dederint,	/Leuconoe,	/nec Babylonios
Temptaris numeros.	/Ut melius,	/quidquid erit, pati,
Seu pluris hiemes	/seu tribuit	/Juppiter ultimam,
Quae nunc oppositis	/debilitat	/pumicibus mare
Tyrrhenum. Sapias:	/vina liques	/et spatio brevi
Spem longam reseces.	/Dum loquimur,	/fugerit invida
Aetas: carpe diem	/quam minimum	/credula postero.

Beschwerden sind auf Skalen meßbar und können sichtbar auf Nichtvorhandensein sinken. Das Ausmaß der Entwicklung, die Umbesetzung der inneren Magnetfelder, ist kaum zu beziffern. Die größere Beweglichkeit wird nicht bemerkt, da sie dem Wunschzustand entspricht, der, wie beim Kind, als das Normale und Natürliche angesehen wird: *so bin ich*. Therapeuten, die Boten der Möglichkeit, sind nach vollbrachter Arbeit wie geplündert und ausgesogen. Mit dieser Verwendung waren sie einverstanden gewesen.

33

Die Qualität der tragenden, inneren Objekte, die die psychische Person konstituieren, bleibt unbeschrieben, wenn sie allein an die äußeren Vorkommnisse gebunden wird. Die Buchstaben der Gedichtwelt, ihre Wörter und selbst die aufgeschriebenen Assoziationen geben ebenso wie die banalen Ereignisse des Alltagslebens nur Andeutungen über die aus ihr gezogene Bedeutungswelt.

Die Vermieterin der Praxiswohnung, alt geworden und allein, erhöhte die Miete unverhältnismäßig. Der Bewohner versuchte, sie von einem Teil der Erhöhung abzubringen, sehr schnell aber redete sie, obwohl Mitglied einer hochangesehenen Architektenfamilie, über seine Analysanden als von „Ihren Verrückten" und argumentierte, daß die Außentür des mehrgeschossigen Hauses durch sie stärker als von den anderen Mietern abgenützt würde. Er fühlte sich in seiner Wohnung nicht mehr wie von eigener Haut umspannt. – Das Finanzamt anerkannte als Werbeausgaben diejenigen Bücher nicht, die er für die Hochschule zur Erfüllung seiner Vorlesungsaufgabe, zur *vergleichenden* psychoanalytischen Forschung verwendete: Freud-Briefe an Braut Martha ja, die van Goghs an seinen Bruder Theo nein. Letztere Bücher seien auch privat zu lesen. Er ärgerte sich; klug genug wendet er sich an die Rechtsabteilung der Hochschule, die ihm schriftlich seine interdisziplinäre Dienstaufgabe bestätigte. Der Einspruch wurde von der Finanzbehörde abgelehnt.

Van Gogh ist für einen Psychoanalytiker privat. Der Steuerberater empfahl Klage und langanhaltenden Verwaltungsprozeß, der Buchhändler hatte eine realere Idee. Der Hochschullehrer im Patienten war verletzt: Dort, wo er dienstlich wohnte, in diesen Texten, verwehrte ihm der Verwaltungsapparat das rechtliche Etikett: Fachbuch.

So lebte der Patient gegen Väter und Mütter, wehrte sich, schluckte, gab auf, wendete sich weg, verachtete, schien wieder *guter Dinge* zu sein.

Das kleine Haus in Blankenese wurde seiner Freundin überraschend gekündigt und zum Verkauf gestellt. Noch eben in einer umarmungsähnlichen Situation am Rande ihres großen graubezogenen Sessels gab in ihm der Lebensdruck plötzlich nach, fand er sich auf dem Teppich wieder, wie nach einem Schwindelanfall oder einer kurzen Ohnmacht. Dann kauft man es eben, sagte sein Stolz. Die Verhältnisse aber waren anders.

Als Hochschullehrer absolvierte er seine Vorlesungen und Seminare, die trotz *Überlast*, wie das neue Stichwort hieß, von wechselseitigem Interesse und somit auch Befriedigungen begleitet waren. Seine Analysanden gediehen, ohne daß er sie missionarisch beträufelte oder sie solange zu negativer Übertragung reizte, bis sie wütend waren und er dann sagen könnte, wieviel Böses in ihnen steckte – er kannte sein Berufsfeld. Die Scheidung kam langsam voran.

Von der Lunge Gutes. Sie hatte sich in ihm wieder so eingerichtet, daß sie seinem Tagesgeschäft unauffällig folgte und es unbemerkt förderte. Medizinisch war er so gut wie beschwerdefrei. Ein Gewisper in den Bronchien begann frühestens um 18 Uhr, einige Bläschen, die mit winzigen Geräuschen blubberten, platzten, und die Empfindung, daß der Luftstrom in den kleinen Verästelungen schabte. Gegen 22 Uhr konnte sich dieses Gewisper verstärkt haben zu einem ächzenden Dialog, besonders wenn Vereinsangelegenheiten Sitzungen erforderlich machten, in denen *gerungen* wurde, um Kandidaten, Prüfungen, die reine Lehre. Er entzog sich diesem Ringen so gut er vermochte.

In der dennoch anhaltenden Unruhe entwickelte der Patient einen Kompromiß, den er *Briefkastensyndrom* nannte. Er riß Briefe seiner Freundin auf dem Weg zur Garage auf und überflog sie hastig im Auto. Er ertappte sich, daß er zuerst nach der endgültigen Grußformel schielte, ob sie mit Küssen und Umarmungen ausgedrückt war. Dann verebbte die Furcht. Ähnlich geriet es mit Dienstschreiben von der Hochschule, Ärztekammer, vom Finanzamt, er befürchtete weitere Ankündigungen seiner Vermieterin, Vater-und-Mutter-Schreiben also, auch die seines Anwaltes, der ihm einmal wohl vertraulich und auf eine ortsübliche Weise tröstend mitgeteilt hatte: „Die Alte kriegen wir klein!“, und dem er mühsam beigebracht hatte, diesen Stil wolle er nicht. Der Patient wunderte sich, in welcher Bestrafungserwartung er die Anwaltsbriefe las, die lediglich Dokumente *„zur Information“* übersandten, da allen Teilnehmern das Ziel einer einverständlichen Scheidung bekannt war. Um seine Scham zu verringern, legte er sich Techniken zu. Er leerte den Briefkasten erst zu den Zeiten, in denen er sich fähig fand, vermeintliches Eindringen gut in Schach zu halten. Er las auch private Post nur dann, wenn er gewissermaßen im Panzerhemd saß und keinen ungewöhnlichen Herzschlag verspürte.

Dem Problem Müdigkeit, wohl ein Äquivalent von vorangegangener Lungenerschöpfung, versuchte er einstweilen durch Symbolisierung und Ich-Abtrennung beizukommen: Er nannte sie, nach einem Vorschlag Leas, *Frau Müdigkeit*. Er begegnete ihr oft, einer Riesendame aus dem Märchen, die während ihres unhörbaren und unsichtbaren Zuges durch seine Person ihn mit sandigem Mohn überstreut hatte, der die Haut durchdrang und ihn innen erfaßte. So ganzkörperhaft besetzt, erlaubte er sich manchmal einen kurzen Mittagsschlaf, und sah sie anschließend entfernt, verkleinert. Wenn er wach war, blies er ihr hinterher. Manchmal, wenn sie in ihm lagerte, saß er sie aus, bis sie sich allmählich und schmerzlos aus seinen Gliedern wegbewegte. Er setzte seine alten Wahrheits-Helfer, Tee und Kaffee, weniger martialisch ein, lud bisweilen Frau Müdigkeit zu einem Plausch mit Gebäck, coffeiniert macht sie sich auf und davon. Dennoch spürte er eine Besetzung, einen Fremdkörper, einen ungebetenen Gast.

Anläßlich eines Irrtums in einem Kaufhof-Fahrstuhl fand sich der Patient überrascht in der Bettwarenabteilung, stand und beurteilte feines, punkthaftes Blümchendekor gegen heroischen Streifen in Blau, gestärktes schwedisches Karo gegen Vorspiegelungen von Seide. Im ausgedehnten Ruheraum der Sauna lagen bäuchlings zwei Menschen einander zugekehrt, Kopf gegen Kopf, die Füße aufs Weiteste entfernt. Sie summen Wörter ineinander. Zart und ausgiebig streichelt der junge Mann den schwarzen Haarflaum über seinem Po.

Von solcherlei Vorstellungen geplagt, fuhr der Patient zu seiner Therapie.

34

Offensichtlich war die Angelegenheit: *Die Mutter und ihr krankes Kind* nicht ausgestanden. Nach seiner Therapiestunde überkam ihn die Fallsucht.

Das Problem des Abstiegs von der Außentreppe hielt an, wurde an den trüben, regennassen Wintertagen sogar schwieriger, da die Temperaturen an der Frostgrenze vibrierten. Das niedrige Gras an den Rändern war glitschig, bisweilen von einem dünnen Eisbezug an den Boden gedrückt. Eine niedrige Tanne gab kaum Gelegenheit, sich ernsthaft festzuhalten. Er trug absichtlich gröbere Schuhe, Profilsohlen aus Gummi und verstand nicht, daß sie ihn nicht ansaugten, daß er dennoch zu fallen drohte. Wie ein Blinder erprobte er den Schritt. Anstatt fest aufzusetzen, tastete er Sicherheit – und erreichte das Gegenteil. Er wollte klug sein und wie die Indianer in Bolivien mit gebeugten Knien gehen, da sie so schwere Lasten selbst steilste Abhänge hinabbringen. In Wirklichkeit stakte er steifer denn je. Einmal tatsächlich oder nur vermeintlich ins Rutschen gekommen, ergriff er sogar die Spitze der Tanne, die sich gefährlich bog. Sollte er jetzt zurück und als guter Mensch seinen Therapeuten warnen, da andere Patienten kommen? Draußen ist Glatteis! Aber es lagen keine Splitter von herabgefallenen Brillengläsern am Rande des Weges, keine im Sturz abgerissenen Knöpfe, keine Druckspuren vom Fall im leicht überschneiten Gras. Niemand fällt hin.

Auch er nicht, obwohl er es so unbedingt möchte.

Gut, daß ihn niemand beobachtete in diesem Kleinstadt-Villenviertel, das im Spätvormittag farblos und verlassen dalag.

Sein Selbst also brauchte Treppengeländer und aufgerauhte Parkettböden. Er wußte nicht, ob er sich vor seiner Freundin genügend aufrecht halten konnte. Immerhin tat er alles, seine Knöchelverrenkung vor dem Therapeuten zu inszenieren, ließ sie in Ruhe.

Auf dem Rückweg gingen ihm Verse Gottfried Benns nicht aus dem Ohr, auf einer Schallplatte mit altem Jazz unterlegt, in einer herben, wie glattrasierten Männerstimme: ... wie weit darfst du dein Ich betreiben, Absonderliches als verbindlich sehen? ... wie weit mußt du im Genre bleiben – soweit wie Ludwig Richters Bilder gehen?

Am Schreibtisch überraschte ihn, wie langatmig und detailliert er die Rutschpartie aufgeschrieben hatte. Ob er doch stolz war, diese winzigen albernen Schritte geleistet zu haben – ein auf die Beine gekommenes Kind, auch wenn es noch wankt?

Bisweilen erlebte er ein rasches und befreites Aufwachen. Gerade zuvor, so erinnerte er sich im Bad, hatte er im Traum rote, körpergroße Ballons aufgeblasen, mehrere, zu verschiedenen Zeiten. Beim Zähneputzen fiel ihm die Traumszene ein, die er in großer Ruhe, wie er sie selten spürte, noch vor dem Kaffeetrinken aufschrieb: Er ist in einer sehr belebten Großstadt, in Paris, alle sprechen deutsch. In der Innenstadt fragt er eine *ältere, eher arme Frau* nach der *Goethestraße*. Sie geht ohne zu zögern mit ihm durch einige Ladenpassagen, die glasüberdacht sind, so daß er sich schwer orientieren kann, dann zeigt sie ihm den Weg hinaus. Er liest ein Schild *Hohenzollernstraße* und ahnt: diese Stadt ist im *Carré* gebaut (wie Mannheim, dachte er später, im Traum hatte er das Bild rechtwinkelig sich kreuzender Straßen), so daß er weiß, im richtigen Viertel zu sein. Er ist auch sicher, daß die Goethestraße eine *drei-, ja vierstellige Hausnummer* hat und lang wie eine Ausfallstraße ist, wie auf der Rückfahrt aus Paris über Vincennes. – Sehr viel später sitzt er in überraschend warmer Abenddämmerung an der steinernen Wand einer alten Kirche sehr bequem auf einer Bank, hat die Beine angezogen, die Schuhe auf den Holzbrettern. Er betrachtet die Silhouette enger alter Häuser gegenüber, darüber leuchtet der Himmel, als wäre er mit einer Schere ausgeschnitten. Er ist sehr zufrieden: Er muß die Goethestraße nämlich nicht finden, nicht besitzen, es genügt, wenn er sie *denkt*. (Noch im Traum, dies aber verstärkt im Bewußtsein: dies ist *die Lösung*).

Anderntags, beim Aufwachen, gerade aus einer weiteren Traumszene entlassen, in der er ununterscheidbar *geträumt und gedacht* hatte, war ihm, als habe es zuvor eine Denkpause gegeben, in der sich ihm ohne sein bewußtes Zutun eine Vorstellung entwickelt habe, eingefallen: Wenn ich jetzt aufstehe und dann meinen ersten Analysanden empfange, kommt es *ganz auf mich an*, ob ich mich darüber freue (und im guten Leben bin) oder er mir eine Last ist (ich das schlechte Leben bevorzuge). Ich entscheide mich für das gute Leben. Dabei fiel ihm auch ein, was Lea gestern Abend sprudelndhell über ihr Wochenende erzählt hatte, der Bericht aus ihrem vielfältigen Leben. Er hatte von den letzten Tagen erzählt, von denen nur einer schlecht gewesen wäre und sie lachte: „Etwas Bestrafung muß doch auch sein." Er hatte sich zwar vorgenommen, wenigstens über ein Viertel der Zeit zu klagen und sein Jammertal anzubringen, spürte aber, daß es möglich war, auch darauf zu verzichten – und zuzulassen, daß ihm weder etwas fehlte noch etwas zuviel war.

Im Foyer der psychosomatischen Klinik, zwischen wasserberieselter Steinwand und Schildkrötenbecken, erzählte ihm ein nur wenig jüngerer Kollege – er betrieb dort Supervision – von seiner aufgebrachten Frau Helga und zeigte auf seine Schuhbekleidung, ornamentalisierte Stiefelchen, erhöht im Absatz, spitz und keck, man ahnte die Sporen – und demonstrierte ohne Scham seine ungebändigte Zeigelust!

Wieder ein Traum: Er lebt in Australien. Er spricht lange mit einer kleinen Gruppe, gleichaltrige Männer. Einer sagt endlich, – dies scheint ihm die Traumessenz: „Jetzt brauche ich noch einen Aufenthalt in Europa, dann habe ich je acht Jahre dort, in Japan und in Australien gelebt.“ Dem Patienten leuchtet das ein, er findet es weltmännisch und gut. Es beruhigt ihn tief.

Er analysierte: Es genügte ihm nun, die Goethe- und Hohenzollernstraße zu *wissen*, in Wärme und Sicherheit auf einer Bank am Abend zu *sitzen*, ein sicherer Reisender und Zugehöriger in drei Welten zu *sein*.

Diese Frische und Beweglichkeit entstand deutlich aus den Träumen. Ohne Anstrengung fallen ihm Titel zu seinem Essay-Band ein: *Von Freud in den Freudianern, Von Freud zu Freud* bis: *Freud im Ohr.* Auch: *Von der Wiederkehr des Verdrängten und der Verdrängung der Wiederkehr* – eine angemessene Vorstellung über die antagonistische und gleitende Bedeutung psychoanalytischer Konzepte.

Daneben, unvorhersehbar, der Einbruch der Müdigkeit, als ob diese Riesendame mit ihrer sie nach allen Seiten umgebenden weißen Schleppe jedes Grün der Landschaft, jede Erhebung, jeden Bachlauf und Baum überdeckt und erstickt habe, eine Ewigkeit der Einförmigkeit, eine schleimbedeckte tote Lungenlandschaft, kein Atem. Jetzt waren es die Wörter, abgekapselt vom physiologischen Prozeß, der seine Autonomie lebte, und an denen sich ihm plötzlich eine Wahrnehmung auftat, ein kurzzeitiger Einblick, als ob seine Tagesaufgaben, ob es Vorlesung, Analysen oder seine Arbeit am Schreibtisch waren, jedesmal, sobald er sie schutzlos auf sich zukommen ließ, das *Erscheinen von Unglück* signalisierten. Sollten diese *Arbeiten* also keine von seinem Ich gewünschten Ziele, überhaupt keine *erwünschte* Welt sein – mit dem Verbot, sich nach allen Seiten weit zu bewegen? Es ist, so formulierte er es, eine indoktrinierte Unglückserwartung, ja Gewißheit, die Stimme aus dem Jammertal. In der Therapiestunde begann er nicht selten mit sadistischen und hilflosen Bemerkungen über die Forschungssituation an der Hochschule, Verkümmerung und Verelendung, Potemkinsche Dörfer, man evaluiert bereits den ersten Gedanken eines *Projekts,* – allmählich nur *redete* er. Nur mit therapeutischer Hilfe konnte er sich vorstellen, eine vulkanische Landschaft zu sein und spitz und felsig gegen diese Decke aus Müdigkeit und Resignation anzudrängen, sie phallisch zu durchstoßen. Lea hatte einmal zu ihm gesagt: „Deine Mutter sagte: Ich bin Deine ganze Welt. Das ist ihre Unverschämtheit!"

Deine ganze Welt. Wo er sich bewegte, konnte folglich nur *Unwelt* sein. Des Morgens, wenn er sich frisch fühlte, war er mit seiner Mutter symbiotisch genug verbunden, vereint in der Schlafwelt. Wenn er sich fortzubewegen anfing, sah sie ihm nach. Sie bestimmte den Radius des Dreirads zwischen rundem Eßtisch, Buffet und Zimmerwänden. Sie mochte enge Kreisbewegungen. In seinem elften Lebensjahr fragte sie, die Volksschülerin, ihn aus dem Vokabelheft lateinisch-deutsche Wörter ab. Er sollte keine Sätze schreiben, die sie nicht verstehen würde. Sie war ohnehin gegen das Latein, wollte ihn lieber in einem weißen Hemd in der Banklehre wissen. Er erinnerte sich auch an Einschnürungen, Leibchen und kratzige lange Wollstrümpfe. Gegen Ende der Therapiesitzung sagte der Analytiker: „Im Versuch, Sie zu verstehen, *genau* zu verstehen, spüre ich Anspannung, Müdigkeit, Zwang."

Was den Patienten quälte, war die vermeintliche Unabtrennbarkeit dessen, wovon er sich lösen wollte. Er fühlte sich so *voll-von-Mutter*, wünschte sich Entlassung oder schnellere, eigene Beine. Am Beispiel seiner Freundin konnte er erkennen, wie es *anders* ist: Auf Lea kam die Wörterwelt zu, freundliche Gestalten, ein stattliches Gefolge. Nehmt mich, wenn Ihr wollt, sagen sie in Ehrerbietung. Er hingegen empfand sich in einer Wörterlosigkeit, in einer Unfähigkeit zu artikulieren, vor einer Wand der Nichtsagbarkeit. Wenn er abends angerufen wurde, fühlte er sich sofort belastet, eingedrückt, war er bereits *voll-im-Kopf*. Lea hingegen fühlte sich angesprochen, bereichert, betrachtete es als eine weitere Gabe der Welt. Sie arbeitet lange am Schreibtisch, hart, auch verzehrend – ihre Wörter öffnen sich nicht ohne Druck aus ihrer Verschalung. Aber einmal hört sie auf, nimmt ein *Butterbrot mit Milch*, macht es sich gemütlich, auch Kitsch im Fernsehen wird angenommen, trinkt ein Glas Wein. Dann ist sie müde und erschöpft, von der Flut der Bilder überwältigt, die sie zurückdrängen muß.

Auch der Patient kennt die Stunde *der fließenden* Wörter. Aus dem verklebten Schreiben wird ein Sprechen, das er mit einem anderen führt, das sie beide in die Welt gebracht hat, die, in der sie sich jetzt angstfrei und neugierig bewegen. Er kritzelt keinen *Quatsch* auf Blöckchen oder addiert die Zahlen der versenkten Bruttoregistertonnen. Er befindet sich außerhalb der Scham, Nutzloses zu tun, hört den glücklichen Aufschrei der xenophonischen Griechen: Thalassa, thalassa! und gibt sich die Erlaubnis: ... vina liques et spatio brevi spem longam reseces!

Er kann oft, aber nicht lange schreiben. Nach ein oder zwei Stunden fallen die Bedeutungen unreif und nicht lebensfähig aus den noch notwendigen Kokons der festgelegten Sprachzeichen; die Beine suchen Bewegung, er muß trinken und sich entleeren, der Puls wird flach. Formulierungsschwäche überkommt ihn. Er *soll nicht, darf nicht*. Erregung entsteht gegen ihn, zwingt ihn abzubrechen. Im Lesen hingegen gelingt es ihm länger, dort zu bleiben, wo er mit sich und den Figuren lange Zeiten verbringt. Für das Honorar seines Vortrags hat er sich antiquarisch die Taschenbuchausgabe der Sophien-Ausgabe Goethes in einhundertdreiundvierzig Bänden gekauft. Er findet Zeit, darin zu suchen und zu lesen.

35

Je gesünder er sich fühlte, umso leichter konnte er den bedrückenden Gedanken ertragen, er sei kränker als er gedacht habe. Er versuchte, die Falschbesetzungen seines Selbst, die Introjekte, und die dadurch nur mühsam sozial aufrechterhaltenen Ich-Konfiguration zuzulassen und sogar zu *verstehen*, daß ihm ein wirklich eigenes Leben nur stundenweise zufiel. Glücklich empfand er sich dann. Am Treibeis der Elbe bei Fährmannsund war er froh zu sehen, wie Franziska, dreizehnjährig, die sich seit Jahren von ihm nicht küssen ließ, wie selbstverständlich sein blau-schwarz kariertes Wollhemd trug. Es gelang ihm auch, einen wüsten Streit zwischen den Mädchen um einen verpaßten Abholtermin von der Waldorfschule zu schlichten, ohne daß er in dumme Verzweiflung und Tränennähe geriet, ein Zustand, dem er sich gewöhnlich so wenig entgegensetzen konnte und feige bat, es möge vorübergehen, rasch!

Unerwartet, wenn auch nicht unvorbereitet, kam es eines Sonntagvormittags bei Lea zu einer Auseinandersetzung. Sie entwickelte sich auf einem Marimekko-Bettüberzug, den farbige, unregelmäßig verstreute Farbpunkte zierten. Wenn er Verbindungsstriche zöge, wäre es wie ein Soziogramm der Beziehungen in einer Gruppenszenerie. Er sah sich ganz draußen, wie abgeschlagen, dort, während die anderen einander viel näher standen. Mit dem Zeigefinger markierte er die Linien. Lea verstand ihn nicht richtig. Als er sich deutlicher ausdrückte, verstand sie dennoch nicht mehr. Er strengte sich an und spürte, daß er in eine Situation kam, in der sein Analytiker sagte: Ich weiß nicht, ob das zu hören mir gut tut.

Dabei hatten sie mitten in der Woche anläßlich seines Vortrags in Köln den Abend freundlich mit Brigitte und Herbert verbracht, die ihre superteure und relativ enge Maisonette vorführten, hoch auf einem Mietshaus in der Innenstadt, eine verbindende Treppe zwischen den Räumen, das Symbol des Hauses. Auch Leas gemietetes Heim in Blankenese, sicher größer als eine Fischerkate, besaß eine Treppe, deren Abbild ihre Tochter Nina in Öl gemalt, und das Lea ihm später zum Trost für sein Schlafzimmer geschenkt hatte. In Köln war er voll Neid gewesen. Denn aus Gründen, die er hier nicht nennen will, konnte die wirkliche Treppe durch das Bild der Treppe nicht befriedigend ersetzt werden, müßte sie Gegenstand bleiben. Die Mißgunst war ihm klar und unter den Glückwünschen des

Abends auch ausgesprochen worden. Inzwischen war Brigitte zu Herbert in die Maisonette eingezogen und hatte auch schon beschlossen, ihre kindertherapeutische Praxis nach Köln zu verlegen. Sie hatten ihren Besuchern gezeigt, daß ein schmales, eingezwängtes Zimmer dicht hinter der Abschlußtür dafür vorgesehen war. „Wird das nicht zu eng?“ – „Nein, wir wollen das so.“ Auf dem Bücherbord waren nun Strafrechtspflege und Arbeiten über den juvenilen Autismus vereint.

Er hatte reden, klagen wollen, jedoch geschwiegen, obwohl die Stimme seines Teufels ihn angeschoben hatte: Sag es ihr! und ihn dabei hinausschieben wollte über die vermutlich größere Nähe hinein in die Einsamkeit dahinter.

Was hätte er gesagt? Herbert! Er weiß, was ein Mann will. Du weißt, wie klug er ist, wie eindeutig. Wie einfühlend und unbestechlich er mit seinen Strafsachen umgeht und im Richterbund präsidiert. Aber gestern bei der Einweihung seiner Maisonette legte er Wert auf Etikette, war böse, daß ihm Brigitte nicht von links kommend servierte!

Wenn Verlustängste ihn überwältigten, müßte er besonders sorgfältig, begrenzt, ja untertreibend darüber sprechen. Das war ihm in den drei Tagen zwischen Köln und Hamburg gelungen. Jetzt spürte er die Angst, daß er mit einem einzigen Wort, einem unbedachten seelischen Rülpser Lea zerstörerisch kränken könne. Er nannte diesen Zustand *Denkpanik*, eine cholerische Reminiszenz aus der Zeit des Ameisentrampelns.

Leben denn die Männer, die lieben, die nach ersten Ehen neue Bindungen suchen oder gefunden haben – er kennt zwei andere, die ihn bald besuchen werden – beide 55jährig, seine Gruppentherapiebrüder im Geiste – alle in so enger Dauerkörperseelenintimität? Liegt er allein ganz außen im Soziogramm mit seinen Autonomiezielen, dem falsch adoptierten Rilke-Zitat vom *uns-haben-und-uns-lassen*, ist er anders als sie? Bin auch ich Herbert? Er entfernt sich von Lea, sie von ihm.

Sein bald 90jähriger Vater trat anläßlich des täglichen Mittagessens in der kirchlich geführten Seniorengaststätte seine Ehefrau unter dem Tisch, wenn sie, leicht verwirrt, einen Speiserest am Mundwinkel nicht auf sein Augenzeichen hin entfernte. Mitsenioren an demselben Tisch entrüsteten sich. Sein Vater aber, gepflegt und laut, wurde in altgewohnter Weise von seiner Wut überwältigt: „Ich kann mit meiner Frau machen, was ich will!" Früher waren es Wörterreste an ihrem Mund.

Mit solchen Begebenheiten und an sie angeschlossenen Phantasien hatte sich der Patient befaßt, ohne sie auszusprechen. Heute, bei Lea, war er, der er sich in dieser Situation gerne als *Liebhaber* definierte, unter der leichten Decke mit dem bereits bekannten, gepunkteten, soziogrammatisch verwendbaren Überzug sehr früh erwacht, hatte mit Genugtuung die Dame ihm zur Seite erblickt und sich behaglich ausgestreckt, ein Knie angezogen, einen Fuß über den Bettrand geschoben, um sich eine weitere Stunde Ruhe zu gönnen. Große und kahle Birken vor dem Fenster. Ein mächtiges Wohnhaus gegenüber, dessen oberstes Stockwerk, das den Grundbau nach allen Seiten in der Breite überragte, durch den Nebel hindurch auf weißem Grund ein schwarzlackiertes Balkenmuster zeigte. Gefehlt, er war wach. Er wußte, daß Leas heilige Stunde kommen werde, zwischen acht und neun, an deren Ende erst sie auf dem runden, großen blaugesprenkelten, emaillierten Tablett das Frühstück sehr gerne entgegennehmen würde, wortlos kurz auf der Toilette gewesen wäre und beim Wiederkommen die Kopfkeile für den Rücken eingesetzt hätte. Er wußte seit mehreren Jahren, wie sie in dieser Stunde zwischen Schlaf und Erwachen lebte, ein dämmriges Sicherheben, das ihr allein gehörte und in dem sie mit ihren inneren Wörtern verkehrte. Entsprechend leise stand er auf, ging die Treppe hinab, fand unter dem Schlitz in der Haustür die Tageszeitung, saß auf dem Sofa unten, betrachtete seine nackten Füße und fror. Eine sehr große, locker gehäkelte Decke lag dort, die, wenn man sich mit ihr mehrfach umschlang, außerordentlich wärmte. Er versuchte das und fühlte sich gefesselt. Deshalb stand er auf, ging nach oben, legte sich behutsam in sein Bett und versuchte, die Zeitung leise zu entfalten. Ungebrochen wie sie war, großformatig, wurde jeder frische Knick zu einem Knall.

Seine Geliebte fuhr auf, Sekunden danach, saß bleich und erschreckt, schleuderte ihm entgegen: „Wie kannst Du nur!" Er verstand sofort und doch zu spät, wälzte sich flach aus dem Bett, wobei die gerade voll eröffnete Zeitung schleifende Geräusche erzeugte: „Weißt Du, wieviel Uhr es ist?" schrie sie ihm nach.

Unten saß er, neben dem Türrahmen stumpf auf dem Stuhl, der sonst zur Ablage diente. Nach einer halben Stunde kam sie herab, außer sich vor Ärger: „Was bildest Du Dir überhaupt ein..." bis zu „... da hockst Du nun und brütest vor Dich hin!"

Schließlich, ihn mit einem Blick von oben nach unten in Entfernung rückend, sagte sie: „Wer macht jetzt Kaffee, Du oder ich?" – „Ich." – „Gut." Er schwieg, sie schwieg, dann sagte sie, in ihrer kältesten, überkorrekten Stimme: „Also machen wir Konversation. Ich mache mit jedem Konversation!"

Er fühlte sich, als würde er von außerhalb seiner selbst gelenkt. Bereuen, nicht-mehr-tun, wiedergutmachen, sich böse fühlen, die ganze nutzlose Palette. Zwang ihn ein unbelehrbares Es, ein gnadenloser Triebanspruch, so und nicht anders zu handeln? Unerbittlich offensichtlich in einem Männeranspruch wie Vater am Seniorentisch, wie Herbert in der Maisonette: Ich knicke Zeitungen, wo ich will!

36

Es folgte ein heller Spätwintertag an der Ostsee, im Grenzgebiet, wo sie wie in einer Vision eine veritable Villa aus der Gründerzeit neben überdachten und eingegrabenen Panzerplätzen und betonierten Wegen zur Schnellmobilmachung entdeckten. Dazwischen wellige, seit langem unbetretene, mit einer Art Heidekraut überzogene sandige Flächen. Besser, nicht darauf zu gehen, wegen der Gefahr von Tretminen. Einer alten Frau, die mit einem leeren weißen Plastikeimer auftauchte, um, wie sie erklärte, vom Genossenschaftslager drüben Kraftfutter für ihre Gänseaufzucht zu holen, war das Schwätzchen recht: „Die Erben," sie wies auf die Villa, „sollen in England wohnen." Das Ufer, als hätte es kein Grenzgebiet gegeben: schwabbende, nicht einmal plätschernde Wellen, dennoch das schlürfende Kieselgeräusch im Sog der Gegenströmung. Die Möwen, grauer Nebel, die Luft frisch und erfrischend.

Heftig und von innen bedrängt, redeten beide von den Introjekten, den familialen Tumoren. Hatte sie ihm nicht erzählt, daß ihr Vater, katholischer Jurist, Dauerraucher, Leiter der Bankfiliale, der später zu großzügig Kredite an Schlaumeier gab, morgens hinter dem Rheinischen Merkur gelegentlich kurz von innen gegen das Blatt geschlagen hatte, es sofort wieder gefaßt und bewundernd ausgerufen hatte: „Adenauer! wieder Adenauer!", der bei den Sozialisten brummige Abfälligkeiten ausstieß und auf die schon sorgfältig herangetragenen Bitten der adoleszenten Töchter, ob sie in diesen Ruth-Leuwerik-Film gehen dürften, seiner Regel gemäß fragte: „Wer geht mit?" – „Die Irene von Dr. Sassenpflug." – „So." – „Die Sassenpflug-Mädchen dürfen immer!" Wenn er nun, aus keinem erfindlichen Grund dagegen war, so hieß es: „Heißen wir Sassenpflug?!" Im anderen Fall war er gnädig und erlaubte. Wenn bei den ersten Einladungen von überdeutlich ehrbaren Jungen er bereits Nein! gesagt hatte und in ein enttäuschtes, statt dankbar annehmendes Mädchengesicht blickte, legte er nach: „Nicht in meinem Hause," und mit einem Handflächenschlag auf den Tisch beendete er das Sprechen: „Nicht, solange ich lebe!"

Der Mann, der sich noch gestern Liebhaber hatte nennen dürfen, erzählte Lea, wie er als Siebzehnjähriger, um seine Schüchternheit zu überwinden, Witze seines Vaters kopierte, immer solche auf Kosten anderer, von dem Typus, daß diese durch die Imitation unliebsamer Schwächen bloßgestellt wurden. Frau Meyer schlug sich begeistert auf den Schenkel: „Du bist ja ganz wie Dein Vater!“ Danach hatte er sich entschlossen, schüchtern zu bleiben.

Er konnte es nicht unterlassen, während dieses Redens Steine aus dem Sand zu klauben, die er in die Hose steckte, bis er auf einen mehr als kiloschweren stieß, einen grau-rot-rosa gesprenkelten, wie Terrazzo, von der Natur gepreßt. Er grub ihn aus, trug ihn so unauffällig wie möglich in der Hand, pendelte den Arm, um einen Ausgleich gegen den schiefen Gang zu haben, wobei die Fingergelenke bald zu schmerzen begannen.

Zurück in Hamburg sprachen sie weiter vor dem winzigen rauchenden Kamin, Häppchen und Sekt. Also: Kein Haus. Lea wird eine eher kleine Wohnung nehmen und, wenn irgend möglich in Blankenese bleiben. Er wird in seiner Wohnung in Kassel leben. Jeder für sich.

Obwohl er sich vor der Abreise wieder in den Status des Liebhabers eingesetzt fühlen durfte, war ihm klargeworden, daß er sein Leben beherrschen mußte, weil beim Loslassen, in der Unaufmerksamkeit der Befriedigung, sich etwas aus seiner Integration trennte und unabweisbar, gedankenblind bereits den sofortigen Vollzug verlangte: Ich knicke Zeitungen, wo ich will!

Zur Erinnerung baute er an den Rand seines schwarzlackierten runden Eßtischs eine Art Steinaltar auf, drei graue Kiesel, eine flache, an allen Seiten weichgeschliffene Tonscherbe, wie der hölzerne Handschmeichler, den Gesine einmal in der Schule geschmirgelt und ihm gegeben hatte, in der Mitte der gesprenkelte Fels.

37

Wie sehr der Patient sich von diesem Wochenende mitgenommen fühlte, spürte er in der Therapie: Er redete sich ins Grübeln anstatt ins Denken. Seinen Doktor P. berührt das weniger als es ihn, wie der Patient dachte, berühren sollte. Der Patient suchte Rat, war unsicher, ob Lea ihn in seinen Begrenzungen ertragen werde, ob er seine

Fähigkeiten, sich hinzuwenden, überschätzte. Er zweifelte, ob ihm genug Hirnwindungen samt den medullären Ganglien bereitstünden, um introjektärmer über sich zu verfügen.

Der Patient hörte keinen Rat und wurde ärgerlich. Er beobachtete sein gequältes Reden, erkannte sein Verlangen, der Analytiker möge durch perfekte Einfühlung und intensives Zuhören wenigstens für diese Stunde mit ihm verschmelzen, und wünschte, ihn über den kleinen Couchtisch hinweg zu sich hinüberzuziehen und in sein Grübeln einzugemeinden. Gegen Ende der als quälend erlebten Sitzung raffte der Patient sich auf, diesen Mangel anzusprechen. Er wolle ein deutliches, redenderes Gegenüber, sonst höre er nur sich selbst. Je schweigsamer der Therapeut, desto redebegieriger werde er.

Der Patient erlebte seine Abhängigkeit, das Mißtrauen, der Therapeut sei nicht mit ihm, wenn er nicht spräche. Wenn der Vater seine Hände pflegte, die durch Vaseline aufgeweichte Nagelbetthaut mit einer eigens dafür verwendeten Schere schnitt, mußte der Sohn schweigen. Der Vater konzentrierte sich. Über die Arbeit an den zahntechnischen Apparaturen, früher an seinem Zeichenbrett, später als technischer Leiter, sprach er ebensowenig. Es ereilten ihn Kündigungen, von denen er angeblich nichts hatte wissen können.

Ob Quatschmacher, Freund, Liebhaber oder Wissenschaftler: Der Patient tagträumte, er wäre einer von Picassos grauen Männern mit den nach vielen Seiten ausgestreckten, multifunktionalen Gliedern. Er vermittelte diese ausgeliehene Illusion Lea, eine Reproduktion in Postkartengröße, im Umschlag versandt.

So sehr der Patient unsinnige Befürchtungen in sich abweisen wollte, erwartete er *dennoch rote Briefe*. Fehlerhaftes, grundlegend Unzureichendes in seiner Person würde Lea ihm mitteilen, und ihr Ton, in dem sie schriebe und unterschriebe, enthielte die Trennung. Der Gang zum Briefkasten blieb Tortur. Er zählte die Tage, da er sie bereits am folgenden Wochenende besuchen würde. Er verstand diese Furcht nicht. Waren seine Eltern so enttäuscht von dem Knaben, der die Ameisenstraße zertreten, der sich vielleicht einmal vor

Wut auf den Bauch geworfen, der einfach *Widerwort* gegeben hatte, der überhaupt so *anders* war als gewollt, daß sie mit Recht sagten: Er ist schlecht?

1935 sagte der Vater zur Mutter: „Jetzt habe ich meinen Opel und Du Deinen Kinderwagen." Der Patient erinnerte sich, wie seine Franziska mit grober Hand alle Mensch-ärgere-Dich-nicht-Steine weggeschleudert hatte, frühzeitig, als sie begriff, nicht gewinnen zu können. So könnte es auch bei ihm gewesen sein. Will er jetzt seine Freundin mit Schlimmem, *seinem* Schlimmen provozieren, damit *sie* die Steine umwirft und er unschuldig ausgeht? Er telefonierte nicht, schrieb nicht, betrachtete Busen-Bilder auf Video-Filmen, die er zum Standbild erstarren ließ.

Keine roten Briefe. Dennoch blieb die Spannung; er fürchtete, mit Leas introjiziertem Vater zu tun zu bekommen, dessen Absolutbehauptungen: Nicht in meinem Hause. Nicht solange ich lebe. Dort ist die Tür! Er verwechselte und verdoppelte die Väter, die ihn auswiesen. Er phantasierte sich für den Notfall ein frischbezogenes Krankenhausbett, einen mitfühlenden Arzt, und er kannte die Helferinnen, die mit Händen feucht, kühl oder warm bei der Zahnextraktion den Kopf des Patienten umfassen.

Er träumte: Ein Mensch klammert sich, beide Arme weit ausgestreckt, von außen an einer Ecke im zweiten Stock einer schönen Villa fest, umarmt das Haus. Er kann sich nicht halten und stürzt ab. Er fällt mit dem Kopf voran, der Patient sieht erschrocken zu und fürchtet, er falle zu Tode. Dann aber dreht sich der Körper in der Luft, er fällt auf Gras – und steht auf.

Am Freitagnachmittag fuhr er wieder einmal nach Hamburg, wach und vorsichtig, hatte Wein im Kofferraum, Holz für den kleinen Kamin und Fleisch, fühlte sich wie ein Spätadoleszent. Zu früh angekommen, spazierte er bei Nienstetten an der Elbe, rief Lea an, die ihm mitteilte: „Du kannst auch gleich kommen, wenn Du willst." Nichts Beunruhigendes, doch die Beunruhigung blieb. Ob er sie später provozierte, als er sie zweimal gefragt hatte, ob er sie am Sonntagabend zum Theater oder wenigstens bis zum Hauptbahnhof fahren könnte, bevor er die Autobahn nähme? Ob sie keine Gefälligkeit von ihm annehmen wollte? War es ein dummer Kompromiß, sie bis zum Bahnhof Otmarschen zu fahren, sie aussteigen zu lassen bei laufendem Motor und sie mit einem „Tschüß" zu verabschieden? Er fühlte sich absurd empfindlich, unwissend, was er übersehen haben, was sie ihm sprachlos übelnehmen könnte.

Dienstag abend besuchte ihn Ekbert, der Kunstprofessor und Dozent für künstlerisches Zeichnen. Dieser, der die schwarze Haarpracht trug, die der Patient sich nicht nur heimlich wünschte, bewegte sich laut und entrüstet in dem großen Arbeitszimmer: „Ich liebe diese Frau! Sie liebt mich auch. Ich verstehe nicht, warum sie immer mehr Beruhigungsmittel nimmt, Rückenschmerzen hat, sich depressiv fühlt." Er war seit wenigen Jahren Witwer, hatte sich bald in eine angesehene, geschiedene Diplompsychologin verliebt. Mehrere Autostunden von seinem Dienstort entfernt, war er in ihre Dienstwohnung am Rande eines psychiatrischen Anstaltsgeländes einfach eingezogen, hatte die Wände mit seinen großformatigen Ölbildern bestückt und sein Atelier aufgebaut. Allerdings mußte das Wohnzimmer der Dame in einen freien kleineren Raum verschoben werden. „Wir lieben uns!" Seit Monaten nun geriet dieses tüchtige, bewegte, angesehene und lebenserfahrene Objekt seiner Liebe in eine verlangsamende Niedergeschlagenheit, ja Schwermut. Sie nahm beträchtlich an Gewicht zu. „Vielleicht bedrängst Du sie zu sehr." Das aber schien ihm eine Zumutung, Ekberts Stimme nahm eine bedrohliche Stärke an, die am vorgerückten Abend in der von anderen Behausungen umgebenen Mietswohnung gerade noch zumutbar war. „Am besten, ich heirate sie." Ein Holländer nämlich, so war herausgekommen, sollte aufgetaucht sein, ein Rentner mit Geld, Architekt einst, der sich im Städtchen auskannte und private Aufträge für Restaurationen annahm, bald siebzig. „Und wenn es auf Messers Schneide kommt, Du, das sage ich Dir, ich nehme es gegen ihn auf!"

Leas Brief: „März – kaum zu fassen, daß Januar und Februar vorbei sind und es Frühling werden soll und wird, und man wieder wie jedes Jahr, bangen wird um die armen Tulpen, ob sie nicht *alle* erfrieren werden ... und es werden wieder weniger als ein Viertel erfroren sein!

Und nun berichte ich von mir und dem Häuschen: Ich genieße also lauter letzte Blicke; es sind dieses besonders tiefe, solche, die alles bewahren im Innern. Kein Augenblick, der flüchtig wäre; keiner der nicht interessant (dazwischen seiend) wäre. Die Sendung über Sylvia Plath ist abgegeben, ein bißchen Schneiden und Kopieren (*ihrer* Stimme) am Montag. Dann Gespräche mit der klugen Sarah über mein *Hörspiel.* Sie sagte am Telefon, sie möge es, aber es sei noch zu *literarisch.*

... also: bin ich optimistisch. Dabei verhehle ich nicht, daß es *Zwang* ist, hier wegzuziehen. Aber es hat keinen Sinn, daß ich mich gegen *mein Erdendasein in Armut sträube.* Das verdürbe mir die Laune und nützte nichts, hielte mich nur vom notwendigen Tun ab. Es ist also, das sei Dir gesagt, keine Hartherzigkeit mir gegenüber wenn ich mich nicht (mehr, öfter, lieber) als *Klageweib* benehme. Nach Hegel ist die *Einsicht in die Notwendigkeit* die *Freiheit.* Eine bescheidene, zugegeben. Meine unbescheidene, ansprüchliche Freiheit wird weiter auf Papier geschrieben – und ich freue mich über Deinen gelingenden *Stimmungsumbau*, und auf Dich schon bald.“

38

Bei leichtem, aber andauerndem Herzklopfen blieb der Patient in einer psychischen Verfassung, in der er, lauernd und gereizt, Anlässe suchte, um das *Widerwort* in die Welt hinauszujagen, ob es nun zerstörte, ihn selbst zerstörte oder wirkungslos verhallte. Er hörte seinen gesprochenen Sätzen nach, welche Provokationen er unbemerkt in sie eingeschleust hatte, als ob er nur reagierte und seine Entscheidungsfähigkeit *vorher* bereits ausgeschlossen wäre. Wenn er merkte, daß seine induzierte Kränkung nicht wahrgenommen oder achtlos liegengelassen wurde, fühlte er sich bereits über das Ärgste hinweg.

Der handschriftliche Zettel seiner Vermieterin, den er abends im Briefkasten fand, entzündete die schwelenden Affekte. Ohne weitere Höflichkeit verlangte sie die Garagenmiete, die früher vertraglich eingeschlossen war, jetzt neben der Mieterhöhung gesondert. „Wenn van der Elst nicht verschwindet", hatte Ekbert gesagt, „dann wird es dunkel um ihn." Der Patient aber geriet in einen inneren Wutanfall, in Vorstellungen zwischen Umzugsphantasien und „der sag ich die Meinung!" Sofort wurde er taub, seelentaub nach innen und horchte für länger als eine Stunde handlungslos in seinem Schaukelsessel auf befreiendere Stimmen. In der Mittagspause des nächsten Tages sprach er die Vermieterin an, die mit dem Gasableser in seine Wohnung gekommen war. Er hielt sich zurück und konnte nur ahnen, wie mürrisch und verschlossen er aussehen mußte. In zitternder Beherrschtheit teilte er ihr mit, im schriftlichen Mietvertrag sei der Preis für die Garage eingeschlossen. Sie warf ihm ihren bekannt mißtrauischen und bitteren Blick entgegen, murmelte, sie müsse das mit ihrem Sohn besprechen, äußerte im Gehen, sie wolle das im Vertrag nachsehen. Zehn Minuten später rief sie ihn an, ja, es stünde im Vertrag, er brauche die zusätzliche Summe nicht zu bezahlen. Sie entschuldigte sich sogar mit verkniffener Stimme.

Der Patient war zwei Stunden lang mit sich zufrieden, fürchtete jedoch am Nachmittag einen weiteren Zettel im Briefkasten, der die Abmachung widerriefe, oder einen erneuten Anruf. Beides blieb aus. Am frühen Abend sah er sie im Garten, als er Müll zur Tonne brachte und vollzog mit ihr eine *befriedigende Konversation*. Dennoch hatte er in der Müdigkeit vor dem Einschlafen neue, unabweisbare Vorstellungen: Habe ich diese Quälerei nötig? Soll ich mich nicht vorsorglich mit Adolf Hilke bereden, mir ein Verlies im Walde suchen, einsiedelnder Analytiker mit Schäferhund? Er spürte, wie ihn eine vergröbernde Rhetorik anzog, er sich zwanghaft auf ein *Verlieren* einstellen mußte.

In der Analyse war der Patient kleinlaut und gehemmt. Eine weitere affektive Öffnung würde ihm schaden. Was nützte er sich als ein schreiender Patient, der nachher heulte, sich bezichtigte und für hundertmal mehr entschuldigen würde als er durch die Schallwellen den Wänden des Therapiezimmers Schaden zugefügt hätte. Außerdem würde er den Therapeuten verlieren, fürchtete er. Immerhin trieb es ihn, ihm mitzuteilen, für wie großgewachsen er den Analytiker halte, sich selber dick und steif, wenn er sich auf der Bettkante vor seinem großen Spiegel im Schlafzimmer sehe. Dr. P. nahm das sehr interessiert entgegen, ermutigte ihn sogar, darüber zu sprechen.

Wäre seinem betagten Vater heute in den Sinn gekommen, die im Golfkrieg Alliierten würden Irak *nicht* angreifen und jemand widerspräche, würde er diesen, wenn nur nah genug innerhalb der Familie, erst mit Argumenten widerlegen, durch Erfahrung zurückweisen, ferner mit absolut affektivem Einsatz für dumm erklären, auslachen und vulgär entwürdigen, schließlich zu große Bissen schlucken und mit einem Würgen wieder heraufholen, rot vor Erregung. Wäre ihm aber das Gegenteil in den Sinn gekommen, der Ablauf wäre derselbe gewesen. Es war auch geschehen, daß er durch eine unerkennbare Sekundenlaune von einem auf das andere wechselte. So kannte der Sohn auch den jüngeren Vater. Ob das Kind zu langsam war im Einfühlen in den Vater, um zu erkennen, welche Reaktion kommen würde und *deshalb* immer verlor?

Ekbert rief an, der Patient hörte dessen Freundin im Hintergrund. Sie verabredeten sich, abgewendet fragte Ekbert: „Hildegard, wann komme ich freitags an?" Später: „Hildegard, liegt das Hotel Roter Bär in der Mendelssohnstraße?" Er zeigte, was er besaß, belegte mit unsichtbarer Geste: Das alles ist mir untertänig ... Der Patient erinnerte sich an den Ausspruch des Freundes, der sehr nah bei ihm lebt, einer, der stundenlang in seinem Haus am Computer sitzt: „Ich kann sehr lange arbeiten, wenn ich höre, wie Ingrid in der Küche mit den Deckeln klappert oder der Hund tapst, der ihr nachläuft. Dann weiß ich, wo sie ist." „Alle wie Polykrates", dachte der Patient, ...„gestehe, daß ich glücklich bin!"

Wieder diese dumme neidische Wut, die ihn zu Wünschen zwang, die er – bis auf die Maisonette – so gar nicht erfüllt haben möchte.

Zurück von der Analyse: Mein Bedrücktsein, schrieb er, die depressive Sache, schützt mein Ich vor den frühen Ansprüchen und vor der frühen Vernichtung, bindet die Virulenz der Introjekte. Also schön in der Abfolge: Enttäuschung, narzißtische Wut, masochistischer Rückzug. Von dort aus die hinterhältige Aggression. In diesen inneren Vorgängen geschieht der Verlust der Objekte, ihre verzerrte Wahrnehmung und die aus dem Affekt resultierende, kurzfristige Fehlleistung. Ich bin wie im Lehrbuch.

39

In diesen Wochen richtete er seine Aufmerksamkeit verstärkt auf seine sozialen Verpflichtungen, achtete darauf, genügende gedankliche Distanz zu erreichen, den Überblick in Konfliktfeldern zu behalten und Affekte anderer nicht durch entsprechend eigene überhand nehmen zu lassen. So hielt er als Vorsitzender in einer Doktorandenprüfung zwei einander feindlich gesinnte Wissenschaftlerinnen durch sachliche Hinwendung und einen etwas forcierten Charme so lange auf Abstand bis – leider? – die Prüfungszeit zu Ende war. Ein älterer Co-Professor dankte ihm, die Sitzung ohne Eklat über die Bühne gebracht zu haben. Der Briefwechsel mit einer wissenschaftlich gefürchteten Dame veränderte sich für ihn weniger in den wechselseitig geschriebenen Wörtern als in seiner Einstellung. Sie brachte in ihren geschriebenen Text den angespannt-höflichen Tonfall ihres Sprechens ein, überlagert jedoch von einem Gestus der Überlegenheit und mit inhärentem Tadel versehen. Sonst empfand der Patient diese Schreiben kränkend, eilte zu Heinz und entlud einen Ärger, der nicht allein aus dem Brief stammte. Jetzt überlegte er: Wenn sie mich kränken kann, ist sie in mich eingedrungen, *krankmachend in mir.* Dann habe ich die Einpersonenbeziehung erreicht, die mir gestattet, mich mit diesem „Kranken“ in mir schlecht zu fühlen, schwach und müde. Ich kann das Äußere verwenden, wie es mir beliebt – vor allem, ob und wie sehr ich mich quälen will. Er glaubte zu erkennen, daß er sein Tages-Lebensgeschäft zu oft zu einem Liebesereignis stilisieren möchte, sich und andere unwissend dazu zu verführen sucht und Briefe nur sammelt, wenn sie Liebesbriefe sind. Andere Korrespondenzen sind mühsam.

Noch einmal wendete er sich der zu Fehlbeurteilungen führenden Phantasie zu, aggressive Impulse anderer, die ihn einschränkten oder enttäuschten, als so übermächtig zu betrachten, daß er unverhältnismäßig zurückschlug und schließlich – wie das Kind verlor. Diesen Ablauf mußte er wie von ewig her kennen, eingesogen haben wie Muttermilch. – Wie bedrückt war sie wohl, seine pfälzische Großmutter Babette, die sonst so gerne in saure Gurken biß, sich die Lippen schleckte, die Zähne aufeinander biß, wenn ihr der Ehemann täglich das Insulin in den Oberarm spritzte, die den Busen auf der Ablage ihres waagerecht gehaltenen Unterarmes stützte, wenn sie das Ende des Kampfes zwischen Mutter/Vater und Kind sah, die *allseits zerbrochenen Objekte*, die sie zu ihrem so bekannten Seufzer brachte, „... dann haben die armen Seelen Ruh'!“

Rascheln, Eindringen, Zerstören. Er beobachtete, wie er sich zügelte, um seinen Therapeuten nicht durch *Großes Gerede* einzudrücken. Wie scharfes Ping-Pong-Spiel erlebt es dieser dennoch, wie er dem Patienten mitgeteilt hatte.

Der Patient, hier als Vater, fuhr mit seiner dreizehnjährigen Franziska und Bettina, der jüngeren Tochter des Verwaltungsrichters, die denselben Fußballer verehren, das Bein des Andi M., mit dem Zug nach Frankfurt. Violett-schwarzer Schal die Eine, Fähnchen die Andere. Sie kannten das nur vom Fernsehen, Zweikampf und Großaufnahmen nach dem Duschen. Auf dem Weg zum Waldstadion, entlang der Dosenbierstationen, den auffälligen Grüppchen der Polizisten und in der langsam trabenden Masse, wurden sie überall von urinierenden jungen Männern begleitet, an den Bäumen, zwischen den Bäumen, auf dem Rückweg nach einem Unentschieden direkt am Wegrand. Er fühlte sich gut als Beschützer der Mädchen, sie kuschelten sich an ihn, das Bein des Andi M. verlor seine Reize.

Nicht selten verwechselte der Patient die Wünsche anderer nach symbiotischer Lebensführung damit, daß sie ihn verließen: Wenn seine männlichen Freunde bei anderen Frauen einfach *einziehen* oder *sie herholen* oder im *Geräusch der Töpfe* leben wollen, so bilden sie dadurch abgegrenzte enge Bezirke, genießen ihre Einsperrung. Es ist eine falsche Verknüpfung, wenn er dachte, durch solche Handlungen zögen sie sich von ihm zurück. Auch verläßt er sie auf den Gebieten nicht, wo er mit ihnen kooperativ, durch Interessen und Anziehung, verbunden ist. Will er denn überall dabei sein? Neidet er die Symbiosen? Mag er keine Freunde, die anders sind als er?

Außerdem hatte er ein Nachspiel durchzustehen, das in ihm über Tage hinweg eine wahrnehmbare Beschleunigung seines Herzschlags auslöste: Noch einmal, in den durch die Häuserkäufe der Freunde angeregten Phantasien eines gemeinsamen Hauses, rief er seine Freundin überraschend an, nur um einen *Morgengruß* durchzugeben, wie er ausdrücklich sagte und schob mit sanfter Stimme dieses lange und schwierige, empfindliche und ausdiskutierte Thema des Wohnens wieder ein und pochte begehrlich auf ein eigenes Zimmer in ihrer Wohnung. Einmal im Reden, konnte er nicht aufhören. Lea hingegen, wenn sie verletzend-eindringende Töne hörte, stellte sich seelisch taub, während sie den anderen durchaus einlud, seine Wörter rücksichtslos zu äußern, damit sie wußte, woran sie war. Eine Falle, aus Sicherheitsgründen früh erlernt.

Es gelang ihm, mit Lea oder ihrer Tochter Nina ruhig am Telefon zu sprechen, nur zu sprechen. Sie teilte ihm mit, wie sie identifikatorische Schwerstarbeit an ihrem Hörspiel leistete. In Hamburg trafen sie sich, kauften ihm eine schwarze runde und besonders leise laufende Uhr für die Praxis und tauschten eine von ihm geschenkte Leselampe um, die mit einem Konstruktionsfehler im Knipssystem behaftet war.

Später ergriff ihn, als habe er eine bedrohliche Wirklichkeit nicht erkannt, als sei er leichtfertig und gutgläubig, der Einfall, der sofort stechend und schmerzhaft lange im linken Brustbereich nachschwang. Hatte sie nicht gesagt: Ich mache mit jedem Konversation?!

Drohte ihm ein Ungleichgewicht, fiel er zurück in die Zeiten, da er *Geschenke* brauchte und nahm, eines nach dem anderen, den Gürtel, das blau-weiß gestreifte Hemd, die rot-violette Fliege um den Hals, als ob es Berechtigung, ja Selbstverständlichkeit zu Geschenken gäbe, ihm gerade angemessen genug? Er beobachtete sich, wie er Postkarten nebeneinander auf der Rückseite mit Klebestreifen verband, aufklappbare Talismane herstellte, das züchtig geschnürte und doch aufgeplusterte *Schokoladenmädchen* aus dem Rokoko von Jean Etienne Lyotard neben Egon Schieles sich entblößender *Jungfrau* 1913. Beide Damen waren von Lea mit ihren Rückseiten gegeneinandergelegt und mit einer metallenen Büroklammer verbunden worden. Der Lauf durch die Stempelmaschine der Post hatte ihnen beiden die Klammer in den Kopf gedrückt; er fragte sich, wie lange wohl diese Einprägung sichtbar sein würde.

Trotz Herzklopfen und Unruhe: Immerhin waren seine inneren Lungenwände schmiegsamer und durchlässiger geworden, anders als durch Aussonderung von erstarrendem Schleim, auch nicht mehr in der Erwartung der bösen Fremdkörper, gegen die sie sich verengt hatten. Sie blieben, zurückgekehrt in ihrer Organwelt, unhörbar mit ihm verbunden.

40

Drei weitere Monate Therapie, dann wird sie ein Jahr gedauert haben. Der Patient spürte Erleichterung, empfand, wie in einer muskulär beweglicheren, müheloseren Welt zu leben, in der das vervielfältigte Sprechen nicht nur innere Nachahmung, sondern auch motorischer Akt war: Die frühen, beständigen oder kurz hereinbrechenden Eltern-Stimmen in ihm, der Dialog im Selbst zwischen dem beobachteten und dem beobachtenden Ich, das Reden mit Kollegen und Freunden, Lea und seinen Kindern, das Schreiben des Tagebuchs – schließlich: *mein* Dr. P. ... Das ineinander verflochtene, in Sprache gebrachte Wiederholen der Zeiten und Ereignisse ergab einen schützenden Dauerton, innerhalb dessen die Konflikte bewußtseinsnah ertragen wurden. Dennoch empfand er die Gleichgewichte instabil, mußte Übermüdungen ebenso wie das Trinken über den Durst und auch *glückliche Regressionen*, nach Möglichkeit meiden. Berufliche Anerkennung wurde gern gehört oder gelesen. Die biographischen Arbeiten über Freud hatten sich zum Manuskript und zum Buch entwickelt. Lea zitierte aphoristische Bemerkungen bekannter literarischer Figuren. Beckett: „Wegen eventueller Biographen sollte man besser kein Leben geführt haben." Virginia Woolf: „Wie soll denn jemand meine Biographie schreiben? Ich habe tausend Leben und bin froh, etwa sechs oder sieben davon zu kennen..."

Seit langem hatte der Patient vorgehabt, *Das geheime Leben des Salvador Dali*, dessen frühe Autobiographie, geschrieben 1942, zu lesen. Er wunderte sich, wie die Szenen dieser katalanischen Kindheit genau der Triebentwicklungslehre Freuds entsprechen, selbst die Metaphorik gelingt dem Autor, der doch ein Maler ist, wie sein Pinselstrich. Der Patient bemerkte, daß sein rechtes Auge seit einiger Zeit deutlich tränte, wie das seiner Mutter, deren Tränenkanal knöchern zugewachsen ist, so daß Flüssigkeit, welche die Hornhaut befeuchtet, über den Lidrand steigt und tropft. Vielleicht hatte er zu lange und zu oft gerieben.

Ohne äußere Symptome, versuchte der Patient, soviel an Wahrnehmungen aus der Vergangenheit an sich zu ziehen wie ihm möglich war und erneut zu interpretieren: Die Eßverweigerung des Vierjährigen mochte ein Triumph der Trennung gewesen sein, das Möbelzerkratzen mit dem Dreirad durchaus ein Kompromiß aus Symbiose und Aggression. Beurteilte er jetzt seine Sehnsüchte, die auf Verschmelzung dringen, und die Provokationen, die auf Zerstörung gerichtet sind, und erkannte sie als Repräsentanz früherer Zustände, so spürte er die Unverbundenheit, ja Gegensätzlichkeit der sie bedingenden elterlichen Phantasien.

Das Glück seiner jungen Mutter, endlich das Kind zu *haben*, das sie sich wünscht. Die drei Gebärerinnen desselben Tages sitzen im Spätfrühling auf der Bank in der Wiese, ein wenig entfernt vom Biergarten vor der Gastwirtschaft, die die Großeltern betreiben. So zeigte sie das Photo 1934. Alle stillen sie zur selben Zeit, ihre Päckchen auf dem linken Arm, rechte Brust aufs Notwendigste entblößt, alle haben weiße Tücher oder helle gehäkelte Deckchen als Unterlage, alle tragen schmale halbhohe Schuhe, ein Sonntagmorgen. Das Baby, heute Patient, soll seinen ersten Sommer im Freien verbracht haben, während die Mutter in Haus und Garten des Gasthofes bediente. Sie sei so abgelenkt gewesen durch Arbeit, daß er gelegentlich im ersten Regen gestanden habe: „Oh Gott, der Helmut ..." Dieses alles wurde so von Wind und Sommersonne und von seiner Mutter bestrahlt, durchstrahlt, wie er es heute auffaßt. Später in Frankfurt, als der Vater seinen Aufstieg als *Ingenieur* nahm, saß sie allein mit dem Päckchen, das dann aber lief, leider lief, aber auch hustete, in ihrer Wohnung. Was hatte er dann gegen die Durchleuchtung, die zu tiefe Inbesitznahme, eingesetzt? Unbeeindruckt von Verweigerung und Bosheit hatte sie darauf bestanden: „Du bist mein ein und alles" – auch noch zu einer Zeit, in die seine Erinnerung reicht. Auch die seltsame Namengebungsschwäche seiner Mutter fällt ihm auf. Schon zu ihm, dem Adoleszenten, sagte sie den Namen des Vaters und des Neffen, Fritz und Alfred, selbst Tante und Schwester wurden ihm mit Else und Friederike angedient. Sie schämte sich ein wenig, wenn er sie darauf hinwies, schüttelte den Vorwurf mit leichter Geste von sich ab: „Ich meine natürlich Dich". Er ist für sie wahrscheinlich wie *Alle*. Die Mutter ist sich selbst eine *Alle* oder *Alles*, welche die anderen ununterscheidbar mit den Namen belegt, die ihr als erste auf die Zunge kommen.

Der Vater hingegen, wenn er auftauchte, zeigte nur sich und seine Gebote. Wie Stempel empfindet sie der Patient heute, die Wörter ohne Widerworte. Die Reaktionsbildungen lassen auch die Identifizierungen ahnen: Die Stummheit des Sohnes, um nicht die anderen im Rededrang beliebig zu ergreifen und zum Zuhören zu zwingen, die Friedfertigkeit aus der verbotenen Kriegslust, die Suche nach Verständnis aus dem sich absolut setzenden: So ist es! Später wies ein anderer Vater auf seinen studentischen Sohn, der sich in der Beratungsstelle gemeldet hatte, verlangte jovial und unerschütterlich: „Biegen Sie ihn *mir* zurecht!"

41

Die betagten Eltern besuchten den Sohn anläßlich der Konfirmation von Gesine. Der Vater schlief im gemeinsamen Haus bei Marianne und den Kindern, dort hatte er Raum und morgens die Haushälterin zum Reden. Der Sohn nahm die Mutter in seine Praxiswohnung; so sollte der Besuch trotz laufendem Scheidungsverfahren *familiär* gelingen.

Marianne hatte dem Vater per Telefon und zur Sicherheit auch schriftlich erklärt, diese Konfirmation, ungewöhnlich in dem sonst atheistischen Haushalt, sei eine innere, persönliche, seelische Angelegenheit von Gesine, und deshalb wünsche sie nicht den üblichen Berg der *Geschenke*. Das sei ausdrücklich besprochen, von allen so gewollt und sie bäte ihn darum, das zu respektieren. Im übrigen gäbe es, wenn gar nichts anderes zu machen sei, ein Sparbuch.

Der Vater rief seinen Sohn an: „Was sollen wir schenken?" Der alte Sohn erklärte ruhig seinem bejahrten Vater, der es – *nicht hört*.

Schon war die Stimme des Vaters laut geworden, aus dem unpersönlichen Gesetz: „Es geht nicht ohne Geschenke“, ist längst das: „Aber ich will!“ geworden. Der verzögerte Wutanfall brach aus und lief. Es gab telephonische Rückrufe und die Suche nach einem Kompromiß, eine der großen Lebenskrankheiten des Patienten gegenüber seinem Vater.

Zum gemeinsamen kleinsten Nenner wurde ein Buch, von Marianne empfohlen, damit es Ruhe gäbe, großformatig und dunkelgrün: *Paradies Regenwald*. Der Vater brachte es zuerst dem Sohn, in Glanzfolie verschweißt, gelöchert zum Atmen, legte es auf den Couchtisch. „Wann gebe ich es ihr?“ Der Sohn, freundlich und vorsichtig: „Vielleicht als Abschiedsgeschenk, das wird sie freuen.“ – „Aber das ist zu spät.“ – „Vielleicht morgen abend,“ – „Aber das ist nicht die Konfirmation.“

Er hätte gehen sollen und wäre heute nicht der Patient, wie er es für seine analytische Ausbildung vor bald zwanzig Jahren schon einmal über einen langen Zeitraum war. Einer hätte gehen sollen, nach Australien oder Brasilien, grußlos, schweigend oder unter Geschrei. Nur nicht diese lebenslangen Abschwächungen, in denen die Demütigungen fortdauerten. Natürlich brachten sie ihm Realitätsgewinn, Anpassungen, Examina, soziales Prestige. Nun gab es einen kurzen Wortwechsel vom Typ verbotener Widerworte. Natürlich ist es *sein* Buch, er kann es auch *wegschmeißen*, wie sein Lieblingswort lautet, – der Vater gab auf, ließ das Buch liegen, vergaß es.

Gefehlt: Am Konfirmationsmorgen stand er da im blauen Anzug, dunkler Krawatte, das schwere Buch in der Hand. Marianne erschrocken, der Patient vermutlich bleich: „Am besten legst Du es ab, ... dorthin ... für später“.

Es gelang nicht. Gesine aber, die zur Abschreckung der Fotografen und kargen verwandtschaftlichen Ist-sie-nicht-süß-Rufen sich einen Schwall von dichtem Haar als Tolle so über das Gesicht hatte fallen lassen, daß sie nur in einem einzigen wachsam dunklen Auge erblickt werden konnte, schrie, schrie sofort, als habe er eine – nicht, als habe er eine Giftschlange um die Hand gewickelt, dafür hätte sie Verständnis, lege sie doch bitte in den Schuhkasten, ich füttere sie später – sondern, als habe er eine Waffe in der Hand, aus der Verderben schösse: „Nein! Nein! Das weißt Du! Du sollst das nicht schenken!"

Leider preßte ihr die Wut Tränen aus den Augen.

42

Die Mutter fühlte sich schwach und müde, bei dem Sohn aber aß sie wieder und sprach. „Der Vater ist eben so," sagte sie, „so war er immer. Er kann aber auch sehr froh sein, Du weißt, wenn er mit Leuten ist, beim Kegeln und im Gartenbauverein. Das letzte Wort muß er haben, Du kennst ihn ja. Ich höre nicht mehr hin, wenn er mich immer bekrittelt. Wenn er nur nicht so oft schlechte Laune hätte, dann wird er bös."

Am Abend erzählte sie dem Sohn, zu dessen großer Verwunderung, eine ausgedehnte Geschichte, die sie zur Seelenberuhigung und zum Einschlafen, im Bett erfindet, im Kopf behält, sich Szene um Szene weitererzählt, sich in ihr erhält. Eine Autobiographie, die in solchen Lebensdaten nie gelebt worden war:

Ein Kind, ein Mädchen, lebt mit seinem Vater im Schwarzwald. Es ist blond, hell, blauäugig. Ihre Mama stirbt, als sie vier Jahre alt ist. Oft sitzt das Kind auf dem Schoß des Vaters, sie sprechen beide über die Mama, das Leben und trösten sich sehr.

Nach einiger Zeit sagt der Vater: Wir bekommen eine neue Mutter. (Sie heißt Mutter, die wirkliche hieß Mama). Dann führt sie uns den Haushalt. Sie hat einen kleinen Jungen, den hast Du dann zum Spielkameraden. Das Mädchen, das zunächst keinen Namen hat, heißt, auf die zweimalige Rückfrage des Sohnes, ganz zögernd sagt sie es, wie sie selbst: Anna. – Anna freut sich, weil sie dann nicht mehr soviel im Haushalt helfen muß.

Die neue Mutter kommt. Sie trägt einen großen dunklen Hut.

Das Mädchen steigt von oben die Treppe herab, sie kann das Gesicht der Mutter nicht erkennen. Als diese den Hut abnimmt, hat sie schwarze Haare und dunkle Augen. Sie ist freundlich, aber so ganz anders.

Einmal, als sie ihren dunklen Hut auf hat, schnippt Anna mit kleinen Papierkügelchen, wie sie es in der Schule untereinander tun, nach der Mutter. Der Vater sagt, sie soll damit aufhören. Anna hört nicht auf. Der Vater schlägt sie daraufhin sehr; die Mutter sagt nichts.

Das Leben wird schwer für Anna. Die Mutter bekommt vom Vater noch zwei weitere Jungen, auf die Anna aufpassen muß. Einmal rollt das Baby, das fortwährend schreit, in dem Moment, als Anna für das Haus ein paar Wiesenblumen pflückt, an den Rand des Baches, eines seiner Beine wird naß. Die Mutter sieht das und sagt dem Vater, Anna hätte das Baby ertränken wollen. Daraufhin schlägt sie der Vater ganz schlimm mit der Peitsche, obwohl sie ihm alles erklärt und auch die Blumen gezeigt hat.

Das Leben wird noch schwerer. Einmal getraut sich Anna nicht, nach der Schule nach Hause zu gehen. Sie ist schon einmal oder gar zweimal an der Tür des Hauses und kehrt wieder um. Sie geht zum Haus des Pfarrers, den sie Hochwürden nennt und der mit der Familie befreundet ist. Vor seinem Haus hat ein Bauer in der Eile einen ganzen Korb frischer Bohnen ausgeschüttet und die Haushälterin fragt sie, ob Anna ihr beim Abkippeln helfen könne. Sie geht ins Haus. Als der Pfarrer kommt, fragt er sie, warum sie hier sei, und sie berichtet ihm von ihrer Angst. Er ist aber ganz streng und sagt, sie müsse sofort zu Hause anrufen. Sie tut es zitternd; der Vater verlangt, daß sie sofort kommt. Dort schlägt er sie wieder mit der Peitsche.

In der Schule geht es gar nicht mehr gut. Hochwürden spricht mit dem Vater, daß er sich entweder von Anna oder seiner neuen Frau trennen müsse, zusammen gehe es nicht. Der Vater sieht das ein und schickt Anna auf eine Schule nach Hamburg.

In Hamburg fühlt sich Anna sehr einsam. Sie hat Angst vor dem ewigen Sturm und dem Meer, sie sehnt sich nach den Bergen und Tannen. Sie schreibt dem Vater jede Woche einen Brief, erzählt ihm alles, aber er antwortet *nie*.

In der Schule ist sie jetzt gerne; sie hat auch eine Freundin im Zimmer, deren Eltern Schiffer sind und die auch allein ist. Sie vertraut sich der Freundin an. Es kommt auch der älteste Sohn der Mutter zu Besuch; er erzählt ihr von zu Hause und sagt auch, daß der Vater zu streng sei und daß er die Anna immer noch möge. So geht es ihr besser.

Nach einem halben Jahr laden die Eltern der Freundin, die das Schiff haben, Anna auf das Schiff ein. Der Direktor der Schule fragt telefonisch beim Vater an, ob er das erlaube. Der Vater sagt nein, der Aufenthalt sei eine Bestrafung, sie dürfe das erst nach einem vollen Jahr.

Die Großmutter stirbt. Der Vater kommt nach Hamburg, geht mit Anna auf ihr Zimmer, wo sie allein sind. Dort sagt er es ihr. Die Großmutter hat Geld für Anna hinterlassen, so daß sie jetzt eigenes Geld hat und lernen kann, was sie will.

Soweit die Geschichte. Müde geworden erzählte sie weiter, daß das Verhältnis zum Vater sich anschließend besserte. Monate später, bei dem Besuch des Sohnes in Karlsruhe, sagte sie, sie sei jetzt zu schwach für die Geschichte, setze sie nicht mehr fort, auch schlafe sie sofort ein und müsse nicht mehr denken. Auf seine Frage hatte sie ihm sogar einen Titel genannt: Versöhnung.

Vierter Teil

43

Der Frühjahrskongreß der Analytiker fand in Kassel statt, mit Erfolg für die lokale Gruppe, wie jedenfalls seine Kollegen später meinten. Auch für den Patienten, hier als Vortragender, der als einer der Gastgeber früher als die fachlich erfahrenere Kollegin das wissenschaftliche Wort ergriffen und den unüblich deutlichen Beifall hatte vernehmen dürfen. Danach saß er neben der Freud-Forscherin und dem Vorsitzenden auf dem Podium, abgespannt und zufrieden, *wollte* ihr zuhören und aufnehmen, was sie akribisch und textgetreu explizierte, ein gewagter Vortrag, da sie Freud für eine kurze und späte Spanne seines Lebens als einen *Tagträumer* erkannt hatte, aus welcher seelischen Verfassung seine Moses-Studie erwachsen sei.

Was er nach dem Podiumsgespräch sehr persönlich zu hören bekam, war ihm sofort peinlich, er fühlte sich ertappt, durchschaut, hilflos, war einem Wut-Weinen hinter den Augen nahe. Denn er habe nicht etwa aufgeschlossen und interessiert der Wissenschaftlerin zugehört, sondern mühsam aufgerichtet dagehockt, mit bösem Blick, eindeutig *moros*. Sofort der genormte Erziehungsspruch des Vaters: „... geh' aufrecht! Mach' nicht so ein Gesicht!" Welches eigentlich? Das endlos bedrückte Gesicht der Mutter oder das strahlende des Vaters, solange er *in Gesellschaft* war? Als Gymnasiast hatte er von Lehrern das Gegenteil hören müssen, er stolziere arrogant auf dem Schulhof herum. Sollte man ihn zu einem Orthopäden schicken? Ob Gesine seinen Blick bedrohlich erlebte, nachdem er früher das Kleinkind gern und lange im Gestell auf dem Rücken getragen hatte, Juchztöne um die Ohren, Patschhand auf der Stirn? Ob sie die Finsternis seines Gesichts als unüberbrückbaren Widerspruch empfunden hatte, so daß sie später das Lernen in der Schule nicht spielerisch übernehmen konnte, trotz aller anderslautenden sprachlichen Äußerungen, Toleranz und Nettigkeit? Mußte sie deshalb die Buchstaben ineinander verknäulen, brauchte sie qualvolle Zeit, bis sie ihm vor fast einem Jahr ihre *Abrechnung* im Aue-Park verbal ins Gesicht schleudern konnte?

Der Deutsche Wortschatz verzeichnet unter moros unter anderem: düsteres Aussehen – finstere Blicke– Versäuerung des Gemüts – üble Stimmung – schlechte Laune – wegwerfende Behandlung – eisiger Empfang.

Die Kasuistik der bösen Blicke reicht weiter: Ihm fiel auf, wie er sich von Spiegeln fernhält, wenn sie nicht für Haare, Rasur, Bekleidung notwendig sind. Er findet sich, wenn er für sich ist, *schöner* als er sich in Fotografien erkennen muß. Sein inneres Bild erscheint ihm heller, zugewandter, es gelingt ihm nicht, es ins Sichtbare zu übertragen. Eher grimmig blickt er in Friseurspiegel, wünscht sie weg.

Er erinnert sich an sein Gesicht abends in der Fensterscheibe vor ihm, als er die ersten Erzählungen als Schüler schrieb. Da fand er sich klar, ruhig, aufrecht, bedeutend, kurz vor dem großen Erfolg. Bald unterließ er aus verständlich realistischen Gründen solche Erwartungen, nahm aber den Anblick seines *bedeutenden* Selbst mit, bis heute, sein Abbild in dem selben Abstand hinter der Scheibe, wie er am Schreibtisch davor saß, Gewißheit und Befriedigung. Lange hatte ihm ein Erziehungswissenschaftler, Direktor über mehr als hundert wissenschaftliche Mitarbeiter imponiert, endlos freundlich, unermüdbar zugewandt, in kleinen blauen Augen unerschöpflich belebt. Als er diesen mächtigen Mann einmal in einem Augenblick sah, in dem er schwieg und sich unbeobachtet fühlte, war er erschrocken: Der Blick erloschen, die Mundwinkel herabhängend wie auf einer chinesischen Maske, die Trauer oder Tod besagt.

Auch der Blick von oben hinter der Couch her blieb nicht unbedacht. Während der Analysen sieht er seit Jahren durch ein großes Fenster in das Geäst einer Birke, nimmt so am Verlauf der Jahreszeiten teil, erfährt die Windstille oder die verschiedenen Bewegungen der Blätter und Zweige. Stiert er oder ist sein Auge klar und freundlich dort hinausgerichtet? Er meint, ist überzeugt sogar, daß sein Blick diesen Bildern dankt. Aber er weiß nicht, wie er blickt, wenn niemand ihn beobachtet. Er weiß es nicht, ahnt, daß er von innerer Finsternis umgeben wird.

Seine Freundin hat in seiner Wohnung bemerkt, sein Blick reiche nicht bis in die Ecken: „Dort verfällt sie."

Wenn er an seine Müdigkeit denkt, so *bricht* sie seinen Blick. Die Lider werden schwer und fallen; hinter den Augen, dort wo es keine Muskeln gibt, die erschlaffen können, spürt er, wie er sich auch von innen schließt. Gab es denn ein Objekt, das er nicht sehen wollte? Wovor verschloß er die Augen? „Sieh' mich an, wenn ich mit Dir rede!" Ob er dann mit offenem Auge *nicht* sah? Ob es sein *Nein* war gegen die absolut gesetzte Normalität der verbündeten elterlichen Maximen? Dann hätte er auch heute nicht aufgehört, blicklos zu sehen, was das Stieren erzeugt und hätte sich als böse und moros verraten, weil ihm die Verstellung des Auges nicht gelang.

Der Gedanke, auch diesen *inneren Umbau*, eine Formulierung zwischen Lea und ihm, zu leisten, versetzte ihn in Schrecken. Er spürte keine Kraft mehr. Er würde das nicht schaffen. Er möchte umarmt in der Dunkelheit liegen.

Er hatte sich gut durch den Kongreß gebracht. Notfalls wird er sich ins Publikum setzen, wenn er moros zu blicken beginnt und den Teilnehmern im Seminar, die mehr aus seinen Gesichtszügen lesen, als ihm lieb ist, mitteilen, sie mögen diesen besonderen Ausdruck geflissentlich übersehen. Dafür, leider, sei er nicht verantwortlich.

44

Der Patient notierte noch einmal, daß er seit Beginn der Therapie jede Nacht vor der Therapiestunde am Freitagmorgen unruhig verbracht hatte, zu früh aufgewacht und immer wieder für kürzer werdende Strecken eingeschlafen war, als ob er die Stunde vorzubereiten, vorzuarbeiten hätte. Dies signalisierte ihm äußerste Gefahr, wenn er etwa verschliefe, ließ ihn den Analytiker als ein Objekt phantasieren, das auf keinen Fall in seiner Gutartigkeit belastet werden dürfe: cave canem! Cave patrem! Der Patient ahnte, welche Übertragungsmacht im Spiel war, der spätnächtliche Kampf mit einem Vater, dessen Bedrohung mindestens für eine Stunde ruhig zu stellen nur dann gelingt, wenn der Sohn wach ist. So verstand er dann in der Sitzung seinen Rededrang, die zunächst erlaubte Überwältigung, da er sich an die Grundregel der Analyse hielt: Er sagte alles, was ihm in den Kopf kam. Erst später in der Stunde nahm er wahr, daß er seine Einfälle als Waffe gegen den Therapeuten verwendete. Als der Patient entschieden und mit dem Analytiker vereinbart hatte, die Therapie nach einigen weiteren Monaten zu beenden, lockerte sich der Griff der Bedrohung. Die Schlafstörung verringerte sich. Er empfand bereits zu Beginn der Stunde eine Art Wohlbefinden, wie er sie sonst oft erst gegen Ende wahrgenommen hatte. Er formulierte für sich: Ich schaue mich in mir um. Zu seiner Überraschung schien der Therapeut ihm zu folgen, sich lockerer zu geben. Auf seine diesbezügliche Frage jedoch sagte der Analytiker: „Sie geben mir mehr Raum, mich zu äußern."

Neue Szenen: Familiengrab und Seniorenstammtisch. Zank, den er sich anhörte, an dem er teilnahm, innerhalb dessen er die Eltern beriet. Danach das Gefühl, unterworfen zu sein, gezerrt, mißbraucht. Das Schlimme war, daß der Patient in anständiger, sohnhafter und angemessener Teilnahme nicht abtrennen konnte, was sich dabei als falsche Bindung und Besitznahme wieder herstellte. Pfingstanrufe, nach denen er sich schlecht fühlte. So schien es immer gewesen zu sein. Selbst vom Heranwachsenden war viel zu spät erkannt worden, daß diese Grundstimmung des bürgerlichen Zanks von *zwei* Personen herrührte. Dann versuchte er, argumentativ geführte, auch affektive Annäherung zum Vater oder zur Mutter als einzelnen zu erzielen, um dort jedoch erfahren zu müssen, daß selbst die eindeutige Parteinahme zwar wie eine erwünschte Nahrung zu sich genommen wurde, jedoch nichts bewirkte: Die ineinander verklebte und unlösbare Unzufriedenheit beider Eltern, sichtbar im ritualisierten Gezänk und in kurzer hochfliegender Aggression, wurde zu der zentralen Erfahrung, die jede Gegenerfahrung ausschloß und alles begeisterte, auflodernde oder auch vernünftige Erzählen des Gymnasiasten bedeutungslos machte.

Wenn der Patient nun nach diesen Pfingsttelefonaten genauer in sich hörte, was dort *in* ihm war, so hallten die Stimmen dieser bedrückenden Zänkereien, die ihm zwar als Inhalte nichts anhaben konnten, aber als Gestimmtheit sehr deutlich in ihn eingedrungen waren, in einer seltsamen Vervielfältigung in ihm wider. Als ob es dagegen keine Wand, keine Abtrennung gäbe, kein Außen – nur Innen. Als ob die Trennung – sieh' mich an, wenn ich mit Dir spreche! – die Ursünde wäre, aus der der Fluch der Verstoßung entsteht.

Der Patient erinnerte sich, wie er als junger Mann über lange Zeit zwei stereotyp gebrauchte Formulierungen entwickelt hatte. Die erste: *Menschen sind verschieden*. Damit hatte er sich selbst gemeint, sich aber als Person umgangen, da man familiär nur über andere sprechen konnte. Näherte man sich jedoch einem Konflikt, so verschwanden diese anderen, lösten sich in Nichts auf. Es blieb das absolute Ich der jeweiligen Person, Vater oder Mutter. Die zweite Formulierung lautete: *Es ist gut so*. Damit wollte er das weiter wuchernde, sich vervielfachende Unglück eingrenzen. Es mochte schlimm sein, aber da es nur so schlimm war wie es jetzt war, *ist es gut so*. Die Beruhigung mißlang. Allerdings hatte er diese beiden Beschwörungsformeln auch für sich ausgesprochen.

Gern versicherte der Patient sich der Orte, wo er auf seltsame und intensive Zustände seiner Freiheit traf: In dem auf der Rollbahn im Stau befindlichen, zitternden Flugzeug; auf den engen Stühlen im Warteraum jenseits der Abfertigung; in den lederbezogenen Loungen der großen Hallen, wo die Anzeigeplättchen der Abflüge sich drehen, klappern und sirren, die Unerreichbarkeit ist absolut.

Dann steht er von seinem Sitz auf, schlendert und beobachtet ein nächtliches Leben: vielköpfige indische Familien, die, wenn sie sich irgendwo niederlassen, sich sofort zu haufenförmigen humanen Inseln verwandeln, einzelne smarte Geschäftsleute mit dem obligaten Handkoffer und aufrechtem Gang, ausgemergelte ältere Herren, Mafiosi oder Chopin-Spezialisten, amerikanische Damen in rosa Kostümen, eine karibische Hostess im hochhackigen fesselknickenden Schuh mit einem Blinden am Arm und einem Gelähmten im Rollstuhl, ein doppelter Auftrag. Turnschuhjungen und -mädchen, Teile einer Sportmannschaft, deren schwere, an den Schultern hängende Taschen keulenförmige Objekte umschließen. Auf den zusammengestellten Sitzgarnituren dann die Einschlafenden, Schlafenden, Erwachenden. Nie Gesichter, nur Strümpfe, unter denen manchmal ein Knöchelkettchen sichtbar wird, Socken mit verstärkter Kappe und Ferse, gelegentlich ein unverschämtes Loch. Die Hände über dem Kopf, der auf Handtasche oder Kleingepäck ruht, die Schuhe sorgfältig nebeneinander oder wie hingeworfen – der riesige Saal ist gefüllt mit den bleibenden und wechselnden anderen, er selbst einer unter anderen und was er jetzt sieht, denkt und empfindet, ist *nur für ihn*.

45

Der Patient, hier in seiner Funktion als Analytiker, schrieb einen Brief an den Vorsitzenden der Australischen Psychoanalytischen Gesellschaft: I resign my membership. Seit seinem aus Atomangst und der Realität des nahen Fulda-Gap resultierenden familiären Auswanderungsversuchs 1985 war er Mitglied in dieser Zweiggesellschaft. Obwohl nach gut einem Jahr, *rechtzeitig* für Tschernobyl zurückgekehrt, den nun einmal gekosteten Verlockungen eines subtropischen Sydney durchaus bewußt, hatte er sich dieser Gruppe zugehörig gefühlt und vergebliche Versuche angestellt, ihr auf wissenschaftlichem Gebiet nahe zu bleiben.

Diese Kündigung einer Mitgliedschaft, der Verzicht auf eine illusionäre Wirklichkeit erleichterte ihn deutlich. Er unternimmt jetzt im späten Frühling an nichtregnerischen Tagen lange Waldläufe oben am Herkules, über die Höhenzüge des Naturschutzgebietes. Pferdekoppeln, ausgebaggerte flache Wassertümpel mit neuangesiedelter Flora und Fauna, die Warntafeln „Militärischer Sicherheitsbereich" haben ihren tiefen Schrecken verloren. Manchmal bellt ein Wachhund, ein Auto mit belgischem Nummernschild parkt vor dem stacheldrahtbewehrten Tor, die Zeit scheint über die Anlage bereits hinweg gerückt zu sein. Haflinger, Araber und Kleinpferde von Welsh bis Irish, das Deutsche Reitpony nicht zu vergessen, – er hat die Rassen gelernt – vermehren sich auf wundersame Weise. Die kahlen Stellen des Hochwaldes in angemessener Aufforstung, weiche großmaschige Zäune schützen vor Rotwild.
Wie er so dahinläuft, wird er, der sich seiner Kindheitstraumen mit dem Klavierspielen nicht gern erinnert, doch öfter von einem musikalischen Ohrwurm begleitet, über welches Vorkommnis seine Mädchen in diesen Wochen gern sprechen. Wahrscheinlich von Mahalia Jackson gesungen, sind diese nur mit den dürftigsten Hilfsverben bestückten Texte in ihm:

Summertime
when the living *is* easy
fish *are* jumping
and the cotton *is* high.
Your Daddy*'s* rich
and your Ma *is* good looking
so – hush! little baby
don't you cry.

So gehört, ist die ganze Welt vom *Sein* erfüllt, Vater-Mutter-Kind, die Baumwolle vom Wind wie gekämmt, die Fische springen glitzernd aus den Teichen. Reichtum und Schönheit – wie nebenbei. Die einzige Anweisung gegen Störung, gegen Konflikt: Don't you cry. Sich-Zurückbringen ins Sein ist leicht.

„Als mein Mann dann tot war“, so hört er, als er vier ältere, kleingelockte Frauen in Wanderkleidung überholt hat, „wurde es richtig gemütlich“. Es *wurde*, es entstand einfach, nicht absichtlich und nicht nach heftigem psychischem Konflikt.

In der mäßig raschen, doch andauernden Bewegung des ununterbrochenen Laufens, welches die Zeit einschließt und mitführt, als reicher Daddy, prachtvoll aussehende Ma, oder gestilltes Kind wird es weich und weit um ihn. Die introjizierten entwertenden Gestalten, die Lufträuberin Mutter und der Vater, dem das Kind solange *Luft* war, bis er seine atemberaubenden Sätze sprach, lösen sich. Er tritt sie nieder, Schritt für Schritt, in seinem eigenen Atem.

Er läuft lange über die Höhen, vermeidet abfallende Wege, um nicht zu steil wieder aufsteigen zu müssen, *Füllen* und *Lösen* – auch eine Metapher des Atmens, Goethe. Müde und euphorisch wird er in seiner Wohnung in der Sophienausgabe suchen und die Zeilen finden:

> Im Atemholen sind zweierlei Gnaden:
> Die Luft einziehen, sich ihrer entladen;
> Jenes bedrängt, dieses erfrischt;
> So wunderbar ist das Leben gemischt.

Ob diesmal verständigeres Sprechen gelingt? Neue Telefonate scheinen es zu bestätigen; mit Bedacht korrespondiert er mit der Friedhofsverwaltung in Bergzabern wegen des Familiengrabs. Hatte nicht Lea gesagt, *die Welt weht auf mich zu*?

46

Der Patient wünschte keine *tiefere* Analyse. Symptomfrei, bei normalisierter Sensibilität seiner Atmungsorgane, die Diffusion von Unwirklichkeit und Wirklichkeit im Zeiterleben herabgesetzt, Magisches eingegrenzt, durch Symbole bereichert und mit Interessen versehen, fand er das Erreichbare trotz der zähen Müdigkeit erreicht. Hätte ein Kritiker aus der ersten oder zweiten Generation der Analytiker es eine *Flucht in die Gesundheit* genannt?

Zum Klassentreffen fuhr der Patient über das Wochenende in die Nähe Brüssels, standesgemäß ins Château Neerijse, wohin ein in europäischen Institutionen aufgestiegener Beamter sich und die einstigen Schüler gut einquartiert hatte. ‚*Mit Dame, auch Lebensgefährtin*', hieß es im Rundschreiben, der Patient aber reiste frohgemut allein.

Dort dann, im feuchten Wasserschloß mit Rundtürmen und nicht allzu gepflegten Rabatten, 35 Jahre nach dem Abitur, traf sich die Riege älterer Herren, viel distinguiertes Grau auf den Köpfen, proper und überwiegend gesund. Nur einer von den fünfzehn ist verstorben, auf einer Südamerikareise in Bolivien an Herzschlag; man wußte nichts Genaues. Höflichkeit. Alle waren sie Akademiker, bis auf die, die sich Banker und Steuerberater nannten, die mit den Schlitten anstatt den Autos gekommen waren, so wie man es sich vorzustellen hat. Danach in ökonomischer Reihe absteigend die Ärzte, die Anwälte, die Verwaltungsbeamten, der Richter trug Pulli, kein Lehrer unter ihnen. Die Zahnarztgattin *hatte alles*. Sie berichtete, wie sie seit Menschengedenken die Abrechnungen ausführte, die *Mädchen* aussuchte, zwischendurch Tennis spielte; viel Gold an den Gelenken. Die Kinder bereits gediehen. Andere ähnliche Damen. Keine jungen Zweitfrauen, keine Asiatin, nur der Bundeswehrpfarrer, fröhlich und arm, war geschieden.

Der Patient, heute ein *Klassenkamerad*, schaute sich um, hörte und sprach. Ohne Haus und ohne ordentliche Familie, dachte er und vergewisserte sich, daß er ein *Liebhaber* war, der einzige. Niemand fragte danach und niemandem erzählte er davon. Es folgte ein großes Stadtprogramm mit gechartertem Bus, Besichtigung einiger Europainstitutionen von innen, am Samstag Abend ein Dîner. Nun schlief er allein in einem großen ebenen Eckzimmer, dürftig mit antiken Möbeln bestückt, ein Badezimmer mit kleinblumigen Fliesen, die Armatur dröhnte und ratterte, bis das Wasser aus großer Höhe herabschoß und in breitem Schwall in die Wanne platschte.

Frühstückszeit. Die beiden schweren Trinker fehlten; eine Ehefrau war so besorgt, daß der *Klassenkamerad* mit ihr *sprechen* wollte, es aber nicht tat, weil er sich vorgenommen hatte, sich selbst zu sein und außerhalb des therapeutischen Dienstes. Er sah silberne Tablettendöschen, aus denen mehrere Damen sich bedienten; sie nahmen Saft dazu. Ihm gegenüber saß die Frau jenes Juristen, den, obgleich er mager, zäh und doch freundlich gestimmt war, das Schicksal im letzten Jahr mit einem leichten Schlaganfall bedacht hatte. Trotz eifrig durchgeführter Durchblutungsbehandlungen sank die rechte Gesichtshälfte und der entsprechende Mundwinkel etwas herab und ließ seine Mimik verarmen. Aber er sprach gut, so gut wie symptomfrei. „Er schläft noch“, sagte seine Cornelia dem *Klassenkameraden* am schmalen langen Tisch direkt gegenüber. Sah er nicht deutlich genug? Ihre Oberlippe war geschwollen, auf der linken Seite, wie er genau konstatierte. Die Lippenhaut selbst war etwas aufgeworfen, drängte wulstig nach oben, ein vernarbter Riß wurde sichtbar.

„Sie haben sich gestoßen“, sagte er leichthin. „Ach, das geht schon über ein halbes Jahr“, antwortete sie. „Es geht nicht weg, am Anfang war es nur ein Stoß an einen Garderobehaken, dann hat es sich infiziert.“ Er konnte an dieser Stelle nicht umhin, sie nach Antibiotika zu fragen. Ein halbes Jahr, dachte er, zu lange. „Ach,“ bemerkte sie leichthin, wurde dabei zunehmend munterer, gar gesprächig, „wenn man heutzutage Penicillin nimmt, der Hautarzt hat es ja empfohlen, weiß man nicht, was alles für Nebenwirkungen eintreten. Es ist schon lästig ...“ und sie zeigte mit dem Finger an die wie vernarbte Stelle, „darunter ist jetzt nämlich eine Eiterstraße und ich muß oft mit dem Taschentuch daran tippen...“

Ihr Gatte kam, sie saßen nebeneinander, der eine rechts, der andere links im Lippenbereich geschändet. Liebe muß das sein, dachte der *Klassenkamerad*, mehr verwundert als erschrocken.

Nur Liebe vermag das.

Auf dem Rückweg besuchte er Leuven, mehr Fassaden als Bäume. Der *Große Beguinenhof*, eng, eine Stadt in der Stadt, bot ein zu grobes, höckriges Pflaster für seinen leichten Lederschuh.

47

In den folgenden Therapiestunden lehnte sich der Patient zurück, seine Wahrnehmung hatte an Genauigkeit zugenommen und er unterschied besser, wie in seinen Berichten drangvolle Impulse, die nur auf Selbsterleichterung zielten mit solchen abwechselten, die deutlich auf ein Gegenüber gerichtet waren. Er erlaubte sich sogar, von Erfahrungen mit Kollegen zu sprechen, riskant, weil er sich seinem Analytiker vielleicht zu sehr näherte und *unter Druck* brachte; sie einigten sich, daß jeder Distanz signalisierte, wenn es zu eng würde. Für den Patienten war das eine seltene Chance seit seiner lange zurückliegenden Ausbildungsanalyse.

Der psychoanalytische Verein traf sich zu einem kleinen Arbeitsessen abends im Restaurant. Der Patient beobachtete, wie sein dort anwesender (!!) Therapeut mit Interesse zuhörte, lauter und beweglicher wurde als in der Therapie, zum Argumentieren, Streiten und Lachen bereit. Dem Patienten gefiel das, es regte ihn an, weiter und mehr zu reden, auch sich in Szene zu setzen. Routinemäßige Prüfungen standen an. Der Patient, hier in seiner Rolle als Ausbildungsleiter, legte die Räume fest und war sich bewußt, daß er für den Abend auch das Arbeitszimmer eines Kollegen im Institut einbeziehen mußte. Dieser aber, wie von der Tarantel gestochen, fuhr auf, blickte zornig, empört und gequält. Sofort fällte er den Urteilsspruch: „Das geht nicht, ich habe Praxis.“ Vor diesem Fallbeil war der Ausbildungsleiter rasch zurückgewichen. Der Kollege tonlos, eisenhart, unberührt und unendlich im Recht. Für den Ausbildungsleiter (und *eigentlich* noch Patient) wurde es ungemütlich, die anderen Analytiker blieben stumm und schauten zu. Einer unter ihnen, der sich Kämpfen zwischen ihnen immer mit Genuß widmete, drückte die Knie durch, kippte den Stuhl auf die Hinterbeine, daß er krachte und strahlte vor Vergnügen.

Der Ausbildungsleiter mußte also bitten, der Besitzer verweigerte seinen Raum, was die Bitten des Ersteren verstärkte. „Jetzt demütigt er ihn“, könnte die Beurteilung der Kollegen gelautet haben. Lang dauerte es, immer enger die Kreise von Bitten und Verweigerung in vielfältigen Rationalisierungen. Schließlich befriedigt, gab der Kollege nach und erklärte, er werde den 20-Uhr-Patienten verlegen. „Ich danke Dir“, sagte der Ausbildungsleiter und später vertraulich beim Weggehen noch einmal: „Ich danke Dir, daß Du es mit Deinem Raum arrangieren konntest“, worauf der analytische Mitstreiter in jenem gefürchteten Lächeln antwortete: „Aber das ist doch selbstverständlich, daß ich Dich unterstütze“.

Anschließend fühlte sich der Patient nicht wohl. Er hatte sich Prügel abgeholt, lüstern-sadistisches Lächeln bei den Kollegen erzeugt; er hätte die Raumfrage sehr gut allein mit dem empfindlichen Analytiker klären können. Wollte er sich in dieser Schwäche seinem Therapeuten zeigen? Ihm wurde klar, daß solcherlei Vermischungen nicht glücken konnten, auch daß er selbst das Ende seiner Therapie provozierte.

48

Der analytische Dialog verlief nunmehr in den Bahnen der inzwischen geschaffenen dyadischen Therapiesprache, die zwischen Analytiker und Patient in Verdichtungen, Kürzeln und Konglomeraten verwendet wird, mit Wörtern, deren lexikalische Bedeutung feststeht und deren Sinn-Besetzungen der Patient verändernd oder genauer zu bestimmen sucht.

Formulierungen wie: *Ich mache mit jedem Konversation* und *Heute schreibt sie mir einen Abschiedsbrief*, verloren soweit ihren Schrecken, wie der Patient seine Projektionen in ihnen erkennen konnte. Viel hatte er auch mit den Neid-Objekten, in die seine wirklichen Wünsche oft schwer trennbar verflochten waren, zu tun, mit den Landhäusern, Maisonetten und Mühlen, auch mit dem Einsperren von Frauen und Ekberts riesigen Schritten in seiner Wohnung, die Hand zur Faust gereckt: *Aber ich liebe sie!* Jedoch hatte die Symbolisierung Frau Müdigkeit, ihre dauererstickende Funktion, ihre Schleppe und Decke über dem keuchhustenkranken Jungen leider noch nicht dazu geführt, daß er genügend aggressive Kraft entwickelte, sie zu durchstechen und wegzustoßen.

Längerer Mangel an Liebesbeweisen beunruhigte den Patienten. Doch sein Wissen um Täterschaft, um vaterhaft vielrednerisches Eindrücken, um mütterliche Übernetzung mit Jammer hielt ihn davor zurück, daß solche ichfremden Zustände sich in ihm ausbreiteten. Er drängte sie zurück mit einer beweglichen und eigenerzeugten Existenz, die ihn manchmal abhielt, seine Freundin aus einem spontanen Bedürfnis heraus anzurufen, weil er spürte, er würde dabei etwas provozieren, was er, einmal begonnen, nicht aufhalten konnte.

Bisweilen sank er in sich ein, fand in sich niemand anderen als eine Fortsetzung von Vater-und-Mutter, deren Botschaft in ihm soviel Leben verwehrte. Er vergewisserte sich dann, daß er den von seinen Eltern vorgezeichneten Weg *nicht* betreten hatte. Er hatte sie *nicht* zufriedengestellt. Kann er gerade deshalb sich anderen Menschen nähern? Inwieweit wirkte die Verfluchung gegenüber dem Adoleszenten, die nicht mehr bewußt gehörte Stimme: *Du wirst schon sehen, wie es Dir ohne uns geht!*

Gelegentlich in einer zittrigen und gewalttätigen Verzweiflung will er alles hinwerfen, will er die einzige und endgültige Rache. Er will der *Ameisentöter* sein auf der Ameisenstraße, toben und trampeln, ein Riese gegen die Zwerge – bis alles Schwarze, Bewegliche unter ihm sich krümmend, erstarrt. *Dann hat die arme Seele Ruh'*.

Nicht selten quälte ihn, daß er nicht unterscheiden konnte, wie er das psychische Gewicht einer Aussage einschätzen sollte. Es ließ ihn in Telefongesprächen, ohne Blick, ohne Vergewisserung und

Rückblick, den etwa ein Brief im Wiederlesen gewährte, unsicher werden, so daß er Leichtgesagtes für Betontes, Banales für Tiefsinn oder Gemäßigtes für Radikales hielt. Er hörte sich selbst und hörte dennoch nicht mit, in welcher Bedeutung er sprach. Hatte er Leas leichtes Lachen mißverstanden, da es ihre Scham verbarg? Oder war der kühle rasche Sprachzug ein Ausdruck von Arbeit, von Alltag, oder bezeugte er eine unterdrückte Verletzung? Ihm wurde allmählich deutlich, daß dies eine Verschiebung der Unlösbarkeit der Situation war, in der die Eltern miteinander und also auch mit ihm lebten.

Dennoch erlernte er mit Lea ein gesicherteres Sprechen. Wenn es ihm gut erging, sprach er von seinen *Jammerschafen*, die er weidete.

49

Noch einmal berichtete der Patient über eine lebenslang kaum veränderte Beziehungsabfolge mit seinem Vater. Dieser hatte wegen einer Fehlüberweisung mit zwei Angestellten der Bank nacheinander aufgebracht geredet und dem Sohn gegenüber erwähnt, nun *schnüffelten* sie in seinen Konten. Der Sohn bot an, die Angelegenheit schriftlich zu erledigen; dies gelang. Der Vater bat auch um das Antwortschreiben der Bank. Der Sohn schickte es. Dann verlangte der alte Herr das Anschreiben des Sohnes. „Wozu?" – „Damit ich eben Bescheid weiß." – „Das weißt Du durch die Antwort der Bank." – Danach das Gewohnte, der Vater ärgerlich, erregt, stieß Verdächtigungen aus, wurde absurd. Der Sohn schickte ihm die Kopie seines eigenen Briefes. Auch dieser Text gehörte ihm nicht .

Zur Sprache gebracht wurden auch die alten Niederlagen während seiner Ausbildungszeit bei einem berühmten Klinikchef, der im Schutz sozialer Überlegenheit sich seinen Erregbarkeiten hingab und alles leidvoll-irritiert abkanzelte, was ihm nicht paßte. Die Assistenten am langen, zusammengestellten Tisch kannten das Ritual: *Jetzt macht er ihn fertig. Jetzt bricht er in ihn ein.* Der Patient erinnerte sich, wie er damals seinen außerhalb seiner Person tobenden Chef in sich toben ließ, ihm Raum in seinem Inneren zur Verfügung stellte und verwundert seinen Oberarzt betrachtete, der, neben dem Chef sitzend, bei ähnlichen Attacken sich einfach verschloß, sich ein wenig aufblies, röter wurde, nicht einmal redete – und bald danach wie unverletzt sprach. Ohne deutliche Hilfe des Therapeuten konnte der Patient nicht erkennen, daß er diesen anderen einlud, ihn zu überwältigen und er sich die Prügel zuzog, zu denen er sich zuvor bereit erklärt hatte. Überaus zäh und langsam löste sich die Verklebung seines Denkens, daß er an dem Willen anderer festgebunden war, der in doppelter Ausprägung die Abhängigkeit dekretiert hatte: *Dein Ich ist mein Ich* (der Vater). *Bei mir brauchst Du kein Ich* (die Mutter).

Der Therapeut benannte es mit einer Formel: „Wenn aus zwei eins wird, sind Sie verloren." Das Konfluieren der Objekte und der Gefühle führt zum Tod des Denkens.

Wieder einmal – es mag überzeichnet, anmaßend und wehleidig anmuten – sah sich der Patient als Kind vor dem gestaffelten Ich-Ich-Ich des Vaters und dem zwar abgehängten, doch vermessen absolut gesetzten Ich der Mutter, eine Übermacht von vier gegen eins. Zum Glück gab es keinen Vater im ersten Jahr – und die Mutter in der Zufriedenheit des endlosen Besitzes und abgelenkt von den vielen Sommergästen des Jahres 1934 gab soviel Brust, daß der Säugling jauchzte, ins Blaue sah, schlief und seinen Willen erst später zu entdecken brauchte. In den ersten Liebesbeziehungen einer langen verlängerten Adoleszenz fand er Mädchen, die ihm mehr schenkten als er gab, Felicitas G. und Ximena de O., trieb es ihn lernhungrig und in unmäßigem Bewegungsdrang, die Welt zu Ich zu assimilieren. Nur beiläufig, wie ein unerklärbarer Zufall, erlebte er einen plötzlichen Erstickungsanfall, zurück von seiner Reise nach Südamerika, bei der Ausschiffung im Hafen von Genua, der ihn zwang, sich mit beiden Armen an den seitlichen Haltegriffen des schmalen Waschbeckens anzuklammern, um mit letzter Muskelkraft die Lungenspitzen unter dem Schlüsselbein zu beatmen.

Bisweilen, obwohl die Zeit, *reale* Väter zu haben, nach den Regeln des Lebenslaufes bereits beendet ist, traf der Patient auf die ersehnte Chance. Aufschlußreich war die *Geschichte vom Wesen*: Die Professoren in der Sitzungspause. Mehr als zwei Dutzend ihrer Profession haben beraten, wie sie dem Kultusministerium, das auf tausend neuzugelassene Studenten bei identischem Personalschlüssel mit dem Kauf von 900 Klappstühlen vom Typ *Hermes standard* reagiert hatte, ihren schriftlichen Protest formulieren sollten. Der ältere Kollege, graubärtig und blauäugig, wies vorsichtig auf seine rechte, kaum ausgebeulte Jackentasche: „Ich zeige Dir etwas." Der Co-Professor fühlte sich wie vom Zauberer berührt. Sichtbar wurde, auf ein Papiertaschentuch gebettet und dort angekrallt, ein Wesen, grau, haarlos, stummelig, dessen gelber dreieckiger Schnabel nicht nur offenstand, sondern bis in den Nacken aufgeklappt war. Er sah durch die Haut die tiefe einziehende und losschnellende Atmung. „Jetzt hat er Hunger", sagte der Kollege und zog aus der linken Jackettasche ein ähnliches Taschentuchpäckchen und entnahm ihm einen riesigen Regenwurm, der sich im Griff der schmalen Greifer der Pinzette ringelte und bäumte. Das Wesen würgte, der Wurm im Leibesinneren krümmte sich deutlich, der Schnabel klappte zu: „Jetzt schläft er", sagte der Kollege. „Später, wenn er verdaut hat, träumt er." Das bewiesen die Augenbewegungen unter den noch geschlossenen Lidern, meint der Kollege, das Zucken der Stummelflügel. Zurück in die Sitzung, nächster Tagesordnungspunkt: 3/17 oder 4/17 Schreibkraft pro Hochschullehrer?

Der Patient bewunderte den Zauberer, der sich so einen zahmen Star heranzog, war gerührt, wünschte sich so zu sein wie er, wollte sein Ich abgeben, *ich bin wie Du*, oder: *Ich bin Dein Wesen*.

Drei Tage später traf er den Kollegen, mit Institutsangelegenheiten und seiner beruflichen Nachfolge eifrig befaßt. Er fragte nach dem Wesen, und spürte, daß er jetzt störte.

„Leider ist es gestorben", sagte der Kollege. „Wahrscheinlich bin ich einmal mit der Pinzette an den Rachen gestoßen und habe es verletzt." Rasch fügte er hinzu: „Ich nehme mir einen neuen." –

„Woher hast Du ihn?“ – „Der erste war herausgefallen, deshalb weiß ich, wo das Nest ist. Ich muß mich beeilen.“ Der große Lebensfreund aber duckte sich dabei, lächelte verschmitzt, und mit einem Gramm Schuld beladen sagte er: „Ich nehme mir einen; das soll man nicht. Du weißt, ich will so unbedingt einen zahmen Star ...“

Der Patient war enttäuscht, verlangte sein abgegebenes, in den Kollegen zwecks Teilnahme an dessen Wärme und Glück verpflanztes Ich zurück, erhielt es beschädigt, kaum mehr als ein beflecktes Papiertaschentuch.

So pendelte der alte Patient zwischen den Vätern.

50

Wie hätte der Sohn nach den Vorstellungen des Vaters, wie nach denen der Mutter werden sollen?

Nur wenige Sätze des Vaters sind dem Sohn erinnerlich. Als 1948 auf dem Trümmergrundstück gegenüber dem Mietshaus in der Hanauer Landstraße ein Kiosk entstand, eine Bretterbude, die sich jedoch Meter um Meter in den umgebenden Backsteinberg eingrub und unaufhaltsam vergrößerte, bald Getränke, Zeitungen und Schreibwaren, ja kleinere Gegenstände des Alltags feilbot, als man oft zu Mittag einen älteren Mann mit einer Schubkarre sah, in der er Schutt wegkarrte und anschließend auf der gewonnenen Fläche Stützbalken einschlug, hatte der Vater dem vierzehnjährigen Jungen gesagt: „Nicht mit den Pfennigen anfangen, wie der da. Sondern mit dem ganz großen, also am besten, ich will Dir sagen, zum Beispiel als Makler Schiffe verkaufen, da braucht man kein Kapital und hat kein Risiko.“ Später dann, als der Sohn längst Mediziner geworden war, meinte der Vater, recht gleichgültig geworden: „Ich dachte, Jura wäre für Dich gut. Als Jurist braucht man nie freundlich zu sein.“ Öfter jedoch Warnungen, immer in dem Ton der äußersten Erregung, verpflichtende Sätze, wie Vermächtnisse: „Traue niemand. Besonders mußt Du Dich vor Menschen hüten, die eine Abweichung haben. Ich meine, die krank sind, oder sonst irgendwie anders. Vor allen Dingen hüte Dich vor kleinen Menschen, die machen Dir etwas vor, hinterher bist Du betrogen." Gern verfiel er in den Beispielen dann in einen süddeutschen Dialekt, die anderen wühlen, schnüffeln, schnübbeln, sind schlitzohrig und „meinen es nicht so." Vergnügungen sollte er haben, der Sohn, bei denen es laut und hoch hergehe, man sich dann aber zurückzöge in die Familie. Er wünschte den Sohn in einen Automobilclub, der Zielfahrten unternehme, jeder allein in seinem geschneiderten Blechpanzer, einsam in die Weite, im Funkverkehr symbolisch verbunden, über knappe Sätze der Information über Straße, Wetter, Pannen – um endlich am Ziel in herzliches Händeschütteln auszubrechen, wenn man nach langer, staubiger Fahrt sich ehrlich einen genehmigte. Selbst nach seiner Berentung hatte der Vater mit seiner Amateurlizenz in die Welt gefunkt: DJ2MM. Schon früh hatte er dem Sohn gesagt, daß es nicht um Texte gehe, das erlaube die Deutsche Bundespost nicht. Allein Mitteilungen, ob man gehört werde, ob die Nummer verstanden worden sei, die dann vom Empfänger auf eine spezielle Postkarte eingetragen und postalisch verschickt wurde. Die Höhe des Stapels der so erreichten Kommunikationen war das Maß des Erfolgs. Sprach der Vater über Frauen? Er hatte es ihm nur gezeigt, abends, die Hände auf den Knien der Frau Mayer, am anderen Morgen, auf die Frage des Sohnes, die Antwort: „Was war? Was soll denn gewesen sein? Nichts war." Soweit die Sätze.

Die Formel: Hüte Dich, traue niemand, sei laut bei Festen und werde reich.

Die Mutter sah ihren Sohn im weißen Hemd, Bankangestellter, immer sauber am Schalter. Eine Kleinstadt möge es sein, Süddeutschland bevorzugt, fleißig solle er sein, er werde Filialleiter und anerkannt. Dann ein braves Mädchen aus ebensolchem Milieu, eine, die auch etwas mitbringt, „... die es gut mit Dir meint und für Dich sorgt." Wichtig vor allem das Wort: „*...bleiben*". Er sollte, wie kann man es der Mutter verdenken, anständig bleiben, bleiben, wo er ist

– bei ihr. Sie ängstigte sich vor seinen ersten Schülerreisen, mit dem Fahrrad durch Deutschland und England, später mit allen Bewegungsarten, vom Motorroller, über Bahn, Auto und Flugzeug. Das Bleiben wurde auf eine Ewigkeit ausgedehnt: „Immer proper sein ..., immer gut." – „Als Bankmensch hat man keine Sorgen ...", eine oft beteuerte Formulierung. Viele Kinder dürfe, ja solle er haben, eine runde Familie. Ein hoher Bretterzaun möge das Grundstück uneinsehbar machen, das, wenn man es beträte, doch bescheiden sei und niemanden anregte, neidisch zu werden. Das Geld solle „... auf der Bank liegen und arbeiten."

Gerne hätte sie ihn immer um sich gehabt; ein scheinbar Gesunder, dessen Krankheit nur sie kennt.

Er selbst? Kann er sich vorstellen, wie er ohne Psychoanalyse geworden wäre? Arzt, Internist, eine große Praxis in der Kleinstadt, eine Gattin mit Gold, wahrscheinlich viele Nebenbeziehungen mit properen Sprechstundenhilfen? Obwohl er diese Szene rasch assoziierte, hielt sie der Prüfung nicht stand. Denn er hatte gerade eben vor dem Abitur Friedrich Nietzsche gelesen und die ersten Arbeiten von Freud, war sich sicher, diese Lektüren nicht aufzugeben. Obwohl er sich den Regeln eines Jurastudiums unterwarf, nutzte er die verbleibende Zeit für Reisen, intensive, wenn auch ungleiche Liebschaften und unersättliches Lernen. Obwohl er sich die bürgerlichen und anderen Gesetzbücher schließlich beim Repetitor zur Brust nahm, fand er kurzfristige Befriedigung für ein quasi archäologisches Bedürfnis. Er schrieb ein Referat über *Die Anfänge des Völkerrechts* – befaßte sich im kleinen spinnigen Seminar an der Johann Wolfgang Goethe-Universität mit Texten aus dem Hethiter-Reich, den *Annalen des Mursili*. Die Frage war, ob es zu dieser Zeit den Terminus *Kriegsgefangene* bereits gegeben habe, ob nach der Zerstörung der Dörfer, der Wegnahme des Viehs bereits eine eigene Kategorie des „Menschen" vorhanden gewesen sei, dessen „Rechte" sich von denen des Viehs unterschieden und die für so wichtig befunden wurden, sie in Keilschrift aufzuzeichnen und bei Staatsverträgen zu berücksichtigen. Er erlernte die Unsicherheit der Entzifferung, die Gefahr, den alten Zeichen neuzeitliche Begriffe unterzulegen. Als der Student sich zur ersten rechtswissenschaftlichen Staatsprüfung angemeldet hatte, wußte er, er würde danach Medizin studieren und Psychoanalytiker werden. Insofern gab es keine Chance für die Vermächtnisse der Eltern.

Brachte er Unglück über sie? Jede Trennung schien Mutters Sorgen zu vermehren, den Vater interessierte es nicht. „Immer nur Bücher ...“; ein Kopfschütteln ohne Nachdenken. Und bei beiden immer die Nachfrage nach *Geld*. Dieses übrigens – ein geheimes Einverständnis? – besaß er immer in genügender Menge: Studentenjobs, Jugendbücher, Tutor, Hilfsassistent – später die Anstellungen. So jedenfalls machte er *keine Sorgen*.

51

„Wenn aus zwei eins wird, sind Sie verloren“. Diesen Satz des Therapeuten bewahrt der Patient wie einen Talisman. Wenn er das imaginäre mattweiße Metallplättchen reibt, erscheint die Schrift auf ihm.

Von der letzten Analysestunde gibt es keine Aufzeichnung. Sicher wurde gesprochen. Doch der Austausch der Wörter vollzog sich längst im Binnenpsychischen des Patienten. Dort lebt der Therapeut, vom Ich des Patienten umwoben. Gibt es solch unbewußtes Fragen: Wie antwortet *mein* Therapeut heute?

Der Patient und Kollege war vorsichtig und hielt den beruflichen Kontakt auf deutlichem Abstand. Er wußte nicht, ob seine Therapie *zu Ende* war, *unterbrochen* – oder: ob sie sich nicht in ihm fortsetzt. Er bat um die Versicherung, zurückkehren zu können, falls er außer Atem geriete.

Im Institut berichtete der gerontologische Kollege, dem der Patient nahe steht, wie Analysen mit älteren Patienten ihnen und ihm *ergiebig* erschienen. Auch wenn sie das analytische Licht auf einen kürzeren Lebenszeitraum werfen, kann das Leiden an den lebenslangen Wiederholungen zu dem dringenden Wunsch geführt haben, wenigstens für die verbleibende Zeit weniger von Ängsten umstellt, weniger eingemauert und mit stereotyp gewordenen Einstellungen leben zu müssen. Diese späten Analysen zeigten respektable Ergebnisse und würden als wertvoll erlebt.

Nachtrag

Einige Monate nach Beendigung der Therapie, vor der damals vereinbarten Nachbesprechung, zog der Patient eine erste Bilanz. Zu seiner großen und anhaltenden Überraschung hatten sich Lunge und Atmungssystem voll auf ihre Funktion zurückgezogen, verrichteten dort selbsttätig ihren Dienst. Obwohl sein objektiv hoher Allergiespiegel sich wahrscheinlich nicht geändert hatte, (Milben, Hausstaub, Federn, Tierhaare – und weiter so, das gesamte Ensemble der geschwollenen und juckenden roten Flecke der Teststiche auf seinem Unterarm) spürte er in Räumen, in denen schwer geraucht und Katzen ausführlich gekrault wurden, kein Kitzeln der Nase und auch später nicht mehr das wohlbekannte Verstummen der Atembewegung, drückte er sich, wenn auch vorsichtig, in Kissen mit einer Füllung aus alten, schilfernden Federn, nieste er nur einmal nach gerade eben geraspeltem Meerrettich und ertrug beschwerdelos frischgestrichene Flure. Keine Grippen. Auch des Abends keine Erschwerungen der Atmung, kein Räuspern morgens. Vor seiner Therapie hatte er befürchtet, ja erwartet, er werde überempfindlich bleiben, einem chronischen Antasten seines Systems ausgeliefert. Professor Pottvogel hatte nicht recht behalten.

Von seiner Scheidung Erträgliches. Es gelang ihm, eine Scheidungsvereinbarung mit Marianne zu erzielen, so daß ein strittiger Rechtsfall vermieden wurde. Die Summen, die er zahlen wird, erschienen ihm deutlich zu hoch. Er erkaufte sich Freiheit; ärgerlich, doch bewußt, daß dies der Weg war, den er am besten vertrug. Anwalt und Freunde hielten diese finanzielle Übereinkunft für unangemessen. Die langen, quälenden Anrufe seiner Frau wurden seltener, gelegentlich jedoch von beschwörender Dramatik geführt, als sänne er ständig an hinterlistigen Plänen. Manchmal hielt er die Luft an, wenn das Telefon klingelte. Als Eltern einigten sie sich mühelos auf gemeinsames Sorgerecht; die Mädchen hörten mit, schienen längst Bescheid zu wissen.

Langsam, in den Einzelheiten für ihn nur schwer unterscheidbar, gelang es dem Patienten, sich altersgerechter gegenüber dem Entwicklungsstand der Töchter zu verhalten und nicht wie früher die Dreijährigen wie Neunjährige oder die bereits Großen wie Kleine anzusprechen. Offenbar erleichterte das die Mädchen, sie besuchten ihn in seiner Praxiswohnung, zwar selten, jedoch häufiger als sonst, sprachen mit ihm, ohne ihn schreiend zu bewegen oder eingrenzen zu müssen.

Das treffendste Beispiel der letzten Monate wollte er seinem Analytiker bei der jetzt anberaumten Stunde erzählen: Der Kauf eines Pferdes war beschlossen, Gesines und Franziskas sehnlichster Wunsch seit Jahren. Bislang war er nur durch Reitstunden auf den verschiedensten Höfen teilweise befriedigt worden von Gut Eichenberg bis Terry Hills. Der Patient, hier als Vater, hatte ein gemeinsames Reitpony versprochen, wenn eine von beiden fünfzehn Jahre alt würde. Sie hatten ihm nicht geglaubt, ihn um ein früheres Datum gequält, aber den Zeitpunkt nicht vergessen. Der Vater holte Franziska nach der Schule ab, einen kurzen Brief an die Tierärztin Heun-Traut in der Tasche, ob sie bereit wäre, das Tier zu inspizieren. Sie müßten einen kleinen Umweg fahren, damit die Tochter den Brief einwerfen konnte. Franziska war hungrig und erklärte: „Ich will nicht." Der Patient fragte noch einmal. – „Keine Lust." – „Es wäre gut, wenn die Tierärztin diesen Brief jetzt hätte." Eine ähnliche Antwort. Er meinte, daß dieser Brief doch für Gesine und Franziska sei, für sie beide, *ihren* Pferdekauf, um den sie sich bereits seit Wochen bemühten. „Nein." Der Patient spürte, wie er sich anspannte, den Umweg *nicht* fuhr und sich wieder entspannte. „Einverstanden" sagte er, „ich werde später den Brief über die Post aufgeben." Ob wir das Pferd einen Tag später kaufen, dachte er, ist nicht wichtig. Später, als die Szene um mehrere Stunden zurück lag, fiel ihm das Szenario ein, das seine Eltern mit ihm gespielt hätten. Er hörte die Sätze in Abständen, dann sich in Tempo und Tonfall steigernd, als würden sie heute über ihn und in ihn hinein gedrückt:

- Du willst den Brief nicht einwerfen, also hast Du kein Interesse!
- Also liebst Du keine Pferde!
- Ich habe schon immer gesagt, wenn es darauf ankommt, willst Du nicht.
- Es ist doch Dein Pferd und jetzt kümmerst Du Dich nicht!
- Wir haben schon soviel für Dich getan, und Du willst nicht einmal den Brief einwerfen.
- Alles tun wir für Dich, und Du bist undankbar!

Dann die Gewalt: „Entweder Du tust es jetzt, oder ...!" Er hatte es immer getan. Er hatte es versäumt, sich vor mehr als fünfunddreißig Jahren zu trennen ...

Der Kauf des Pferdes, das Mikado genannt werden wird, vollzog sich reibungslos und unter großer Anteilnahme seiner Mädchen. Damals, als er den Brief an die Tierärztin hatte einwerfen wollen, war Franziska von der Schule müde und im Bauch hungrig gewesen, nichts sonst. Der Patient war zufrieden, ließ sich tragen von einem guten und ruhigen Gefühl: In den elterlichen Entwertungen keine direkte Wiederholung. Ein spätes Glück.

Lea ließ sich gern mit ihm sehen. Die Sucht nach dem Großen-Haus-in-Hamburg war abgeklungen. Er empfand deutlich Neid und schielte in den parkähnlichen Vierteln von Blankenese selbst nach bescheidenen Gebäuden. Er trug Mißgunst wie ein dickes, seitliches, unbequemes Paket und hoffte, es später abzuschnallen. Der Abschiedsbrief ist nicht geschrieben worden, wenn auch der Stapel der Liebesbriefe sich nicht deutlich erhöhte. Er meinte, weiterhin verliebt zu sein. Sie hörte solchen Wörtern gerne zu, mag auch klug genug gewesen sein, ihn darin nicht zu unterbrechen. Er bedurfte der vielen Geschenke nicht länger und er ahnte und verwirklichte sogar Wünsche, die Lea, diese Bedürfnislose, die gerne im promiskuitiven Umgang mit ihren Heiligen, den Johannes von den Kreuzen und den Theresen aller Städte lebte – und gelegentlich zu Radiosendungen stilisierte – gern annahm. In heiterer Stimmung redete sie etwas zu triumphierend von ihrem *voll integrierten Unbewußten*, woraufhin er sie *deutete*.

Seine Freud-Studien waren erschienen.

Mit wem er, kaum gebessert, weiterhin in Ungnade und Bitternis lebte, unverstanden, vielleicht für ihn unverstehbar, oder auch unverrückbar als Grenze seiner Vitalität: Frau Müdigkeit. Sein Programm gegen sie enthielt den kurzen Mittagsschlaf, den Lauf über die Höhen des Herkules, auch Tee und Kaffee. Er ertrug, daß die oberen Augenlider ihm metallisch schwer wurden, als ob sie den Nacken beugen könnten. Weiterhin rätselte er an den *Verklebungen* seiner Sinne, der dumpfen, farblosen, verlangsamten, auf Einschließung bedachten Schwäche. Er würde gerne mit Wörtern spielen, mit ihnen fließen, sie aufhalten, festlegen, beobachten, wie sie, mit ihm vertraut, sich leichthändig in Szenen verwandeln ließen.

An diesem 13. Dezember 1991 ist der Oberlauf der Fulda in seinen ruhigeren Seitenarmen vereist. Früher Nachmittag, bereits verdunkelt. Dort geht der Patient, der jetzt nur wenige Fußminuten von seinem Therapeuten entfernt ist, über knirschenden nassen Schotter in einer neubepflanzten dünnen und kahlen Pappelallee längs des Flusses in Richtung auf einen Sportplatz, sieht nach Westen, von wo der Himmel sich über einem schmalen, kristallklaren, gelb und grünen Streifen zu dichtem dunklen Rot auftürmt. Er hat vor Tagen den meteorologischen Bericht gelesen, nach dem die Eruptionen des philippinischen Vulkans Pinatubo diesen Nordländern hier farbige Sonnenuntergänge bescheren würden, die er jetzt als grandioses Schauspiel in feiner Beängstigung wahrnimmt. Die niedrige, mehr neblige als kompakte Wolkendecke strahlt einen intensiven Farbdunst auf die Erde, daß die nassen Felder und die Biegungen des Flusses, die dünnen Eisflächen, ein wässriges bleiches Rosa zurückspiegeln, Himmel und Erde dicht aneinandergerückt.

In der Ferne erblickt er ein schwarzes, gepunktetes, bewegliches, sehr ausgedehntes Gebilde, einen wie zeppelingroßen Vogelschwarm, der über Fluß und Wiesen schwingt, sich ballt und auseinanderzieht, an der Spitze Geschwindigkeit nimmt, dann zu stehen scheint wie eine schwarze Kugel, die zittert, schwebt, bis sie sich daraus befreit und neue Gestalt sucht. Ein Protozoon mit den beliebig entstehenden Pseudoorganen, ein in sich waberndes, doch nach außen immer festumgrenztes Wesen. Wenn es wendet, glaubt der Patient die Silhouetten von Schwingen zu erkennen. Der Schwarm wendet sich ihm zu, kreist in seiner Nähe, er hört das Brausen und Sirren der schlagenden Flügel, wird eingesogen von diesem verdunkelnden Lebensgeräusch über ihm. Er bedenkt, wie ruhig und angstfrei er diese letzte Therapiestunde erwartet. *Wie selten, wie sonst kaum*, fällt ihm ein. Eingedenk dieses Raumes spürt er, wie die Befreiung von Angst sich ausgedehnt hat – und stellt sich der Erkenntnis, wie sehr und wie oft er sonst in einem engen und verstellten Raum lebt, in dem er taumelt, nicht fliegt.

Der Himmel erlischt; seine Abbilder aber sind eingefangen und bleiben, *wachsen ihm als innere Objekte entgegen*. Er wird seinem Analytiker davon berichten.

Literatur

Dali, S.: Das geheime Leben des Salvador Dali, München 1984.

Freud, S.: Gesammelte Werke, Frankfurt am Main 1949 ff. (zit. GW).

Goethe, J. W. von: West-östlicher Diwan, Weimarer Ausgabe, I. Abt., Band 6, München 1987.

Horaz (Q. Horatius Flaccus): Carmina, lat. u. dt., München 1949.

Huysmans, J.-K.: Die Misere des Monsieur Folantin, Bremen 1988.

Junker, H.: Von Freud in den Freudianern, Tübingen 1991.

Junker, H. und Th. Waßner: Psychotherapeutisch denken. Patient und Therapeut in der analytischen Arbeit, Berlin, Heidelberg, New York, Tokyo 1984.

Middendorf, J.: Der Erfahrbare Atem. Eine Atemlehre, Paderborn 1988.

Rilke, R. M.: Die Sonette an Orpheus, Frankfurt a. M. 1964.

Schafer, R.: The psychoanalytic life history, in: J. Sandler (ed.): Dimensions of Psychoanalysis, London 1989.

Stolz, A.: Das Vaterunser und der unendliche Gruß, Freiburg i. Br. 1909.